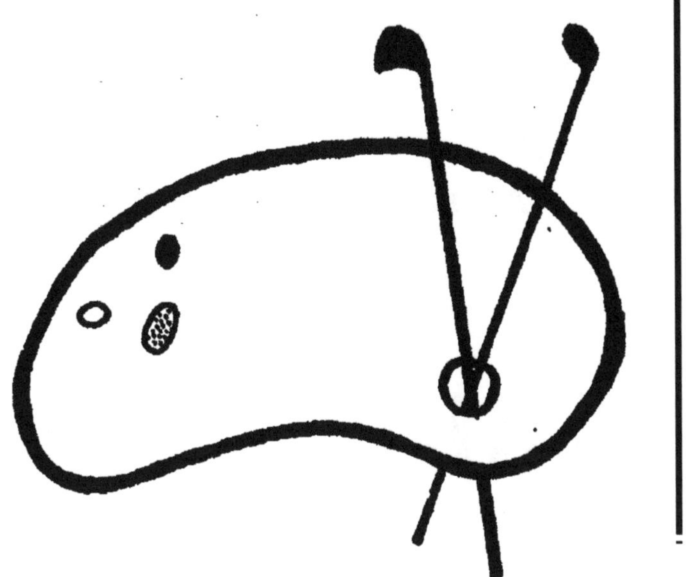

DEBUT D'UNE SERIE DE DOCUMENTS
EN COULEUR

ALBERT CAZES

PIERRE BAYLE

SA VIE
SES IDÉES — SON INFLUENCE
SON ŒUVRE

PRÉFACES

DE

Camille PELLETAN et DELUNS-MONTAUD

PARIS
DUJARRIC ET Cie, ÉDITEURS
50, Rue des Saints-Pères, 50

1905

DUJARRIC & CIE, ÉDITEURS

50, Rue des Saints-Pères — PARIS

EXTRAIT DU CATALOGUE :

LANNE (Ad.). — **Louis XVII et le Secret de la Révolution**, 1 très fort vol. in-18 (2e édition, revue et corrigée)	3 50
LANNE (Ad.). — **Le Mystère de Quiberon (1794-1795)**, préface de M. Henry Céard, 1 vol. in-18	3 50
LANNE (Ad.). — **La Fortune des d'Orléans : Origine et Accroissement**, 1 vol. in-18	3 50
LANNE (Ad.). — **Une Officine Royale de Falsifications : Le Cachet de Louis XVI. — Le Secret d'une Sœur**, 1 vol. in-18	2 »
LE BARBIER (Louis). — **Le Général de la Horie (1766-1812)**, 1 vol. in-18.	3 50
MAGNE (Émile). — **Le Cyrano de l'Histoire** : *Les erreurs de documentation de Cyrano de Bergerac*. Ouvrage orné de quatre portraits inédits de Cyrano. 1 vol.	2 50
MICHEL (Edmond). — **Histoire de la ville de Brie-Comte-Robert**. Des origines jusqu'à la fin du XIVe siècle. 1 fort vol. in-8 raisin, av. nombr. illust. dans le texte et hors texte, plans, etc.	12 »
MARTIN-GINOUVIER (F.). — **Un Philanthrope méconnu du XVIIIe siècle : Piarron de Chamousset**, *Fondateur de la Petite Poste, Précurseur des Sociétés de Secours mutuels*, 1 vol. in-8°. .	7 50
STRYIENSKI (Casimir). — **Deux victimes de la Terreur : Madame Chalgrin. — Princesse Lubomirska** ; *orné d'un portrait de la Princesse Lubomirska*, 1 vol. in-18	3 »
DUREL (Petrus). — **La Muse parlementaire** : *Députés et Sénateurs poètes* ; 1 vol. in-18 . . .	3 50
TROUSSET (Aug.). — **Civilisation et Naturianisme**, 1 vol. in-18	3 50

École Professionnelle d'Imprimerie, à Noisy-le-Grand (Seine-et-Oise)

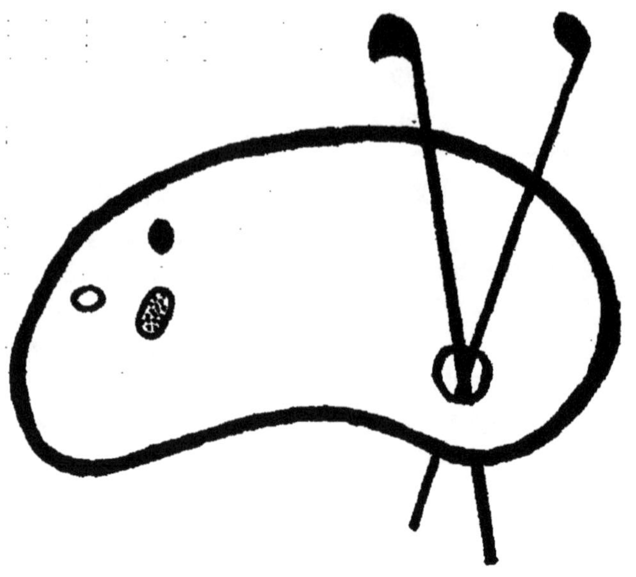

FIN D'UNE SERIE DE DOCUMENTS
EN COULEUR

PIERRE BAYLE

ALBERT CAZES

PIERRE BAYLE

SA VIE
SES IDÉES, SON INFLUENCE
SON ŒUVRE

PRÉFACES
DE
Camille PELLETAN et DELUNS-MONTAUD

PARIS
DUJARRIC ET Cie, ÉDITEURS
50, Rue des Saints-Pères, 50

1905

Il a été tiré de cet ouvrage
DIX exemplaires sur papier de Hollande
au prix de DIX francs

A ALBERT TOURNIER,
Député de l'Ariège.

C'est pour moi un devoir et un plaisir de vous offrir ce travail, entrepris sur vos conseils et achevé grâce à votre bienveillant appui.

Rien ne peut vous laisser indifférent de tout ce qui touche au grand philosophe ariégeois que vous avez voulu relever d'un injuste oubli, et à la glorification duquel je suis fier d'apporter ma modeste contribution.

Fidèle à la doctrine féconde d'Auguste Comte, et répétant avec lui que « l'humanité se compose de plus de morts que de vivants », vous avez déjà ressuscité par la plume et par la parole de curieuses physionomies de penseurs et d'artistes : l'historien de VADIER *était tout désigné pour rendre à notre illustre compatriote Pierre BAYLE la place d'honneur qui lui était due.*

Avec votre ardeur et votre optimisme irréductible de méridional, vous avez entrepris sans hésiter cette œuvre de réparation envers une des plus nobles victimes de la liberté de penser. Vous n'étiez pourtant point sans deviner toutes les embûches que ne manqueraient pas de dresser contre la réalisation effective d'un projet bien des fois annoncé les antiques puissances d'oppression, les censeurs acariâtres, les esprits esclaves des préjugés.

Apôtre de l'idée, mais ayant le sens des difficultés pratiques, vous avez, je le sais, employé autant de fougue que de diplomatie à unir en faisceau des rivalités perturbatrices, et à retenir dans le lien de l'unité les énergies dissidentes. J'ai été le témoin de bien des à-coups, de bien des heurts imprévus, qui eussent découragé de moins patients que vous.

C'est à votre ténacité de lutteur, autant qu'à votre foi d'écrivain et d'artiste, que Bayle devra sa statue.

Et ceci avait besoin d'être dit.

Voilà pourquoi je m'honore, comme libre-penseur et comme Ariégeois, de vous dédier ce livre, qui vous doit sa naissance.

Albert CAZES.

Paris, 2 juin 1905.

Une Statue méritée

Ce fut une curieuse et puissante figure que celle du grand esprit dont on peut dire qu'il fut le précurseur du mouvement philosophique du dix-huitième siècle. Homme d'études paisibles, de sincérité héroïque et de désintéressement absolu, insatiable de lectures, dévorant in-folio sur in-folio avec une passion qui était née dès l'enfance, et que l'âge n'avait pas éteinte, en même temps infatigable pour remuer les idées, les tourner, les retourner, en chercher le fort et le faible, ayant pour plaisir favori l'escrime de la pensée, le cliquetis des arguments se heurtant l'un l'autre ; enfin, embrasé de la flamme de l'apostolat, écrivant sans cesse, produisant volume sur volume ; ayant consumé son existence dans ces fiévreuses activités de la pensée, dans le feu de ces batailles intellectuelles qui ont pour contre-partie nécessaire, au point de vue matériel, une vie tranquille et retirée, tout entière passée loin du monde et des plaisirs, dans le silence du cabinet.

Cette vie tranquille et retirée, Bayle l'eut de bizarre façon. Fils d'un pasteur protestant de la région des Pyrénées, à l'époque où commençaient contre le protestantisme les pires persécutions, il est sans cesse pourchassé et obligé de changer d'asile. A cette époque, l'intolérance est dans les mœurs. Elle est brutale, féroce, sanguinaire chez les catholiques : mais les réformés n'en sont pas exempts. Louis XIV supprime la chaire qu'il occupe à Sedan. Le pasteur Jurieu le fait exclure de celle qu'il a obtenue à Rotterdam. Son existence forcément vagabonde l'a conduit à Toulouse, à Genève, à Paris, à Sedan, en Hollande, où il s'est fixé ; et partout il est ou menacé, ou dénoncé. Ce libre esprit exaspère tous les dogmatismes. On l'attaque, on l'insulte, on l'a chassé de toutes les places qu'il a occupées. C'est au milieu de ces vexations continuelles qu'il mène la vie tranquille et retirée dont je parlais. Oui, tranquille, car les persécutions ne mordent pas sur cet esprit doucement et paisiblement héroïque. Quel que soit son asile, peut-être passager, à coup sûr menacé, dès que les événements l'y ont jeté, il y reprend le labeur interrompu. Il a besoin de peu de choses pour vivre ; il n'a aucun besoin de vanité. Je ne dis pas assez : il semble fuir sa renommée, éviter de mettre son nom en tête de ses ouvrages, et refuse de laisser mettre son portrait en tête du plus important. Il est bien frère de son voisin, qui, près de lui, accomplit une œuvre parallèle, mais avec un caractère d'esprit bien différent, de ce juif de génie qui fut le plus puissant initiateur de la pensée moderne, de ce Spinoza qui, au milieu de son vertigineux rêve métaphysique, a étrangement enfermé dans les formes d'une démonstration géométrique, tant de passion à nier le miracle, à formuler la doctrine de la liberté, et qui ne voulut jamais cesser de gagner sa vie en ouvrier, à polir des verres d'optique, quelques offres qu'on lui fit pour occuper une chaire d'université.

On ne peut songer aux deux derniers siècles de l'ancien régime, sans se sentir rempli d'une profonde admiration, d'une profonde reconnaissance, j'ajoute d'une profonde tendresse, pour ce pays de Hollande, si petit et si grand. Il est triste d'avoir à se féliciter de la défaite des armées françaises, même dans le passé, et l'on a d'autant moins à le faire d'habitude, qu'elles ont été le plus souvent au service de la liberté, même sous l'ancien régime : par exemple dans leurs longues et glorieuses guerres contre la maison d'Autriche, incarnation du fanatisme catholique. Mais quel malheur c'eût été pour le monde, et particulièrement pour le génie français, que Louis XIV fût arrivé à écraser la République néerlandaise ! Je ne parle pas seulement de la merveilleuse civilisation qu'elle abrite au milieu de ses marécages, soit au point de vue du mouvement des richesses, où elle inaugure ses procédés modernes de grand commerce et de banque, soit dans les arts où elle crée l'idéal intime, la poésie de foyer ou de paysage, à laquelle nous devons un Ruysdaël, un Terburg, un Peter de Hoogh, tous dominés de si haut par le génie mystérieux au puissant coup d'aile, qui s'appela Rembrandt. Mais, avant tout, ce fut la terre de liberté qui, dans ce temps d'intolérance où, comme je le rappelais, les persécutés même persécutaient un peu quand ils le pouvaient, accueillit toutes les croyances et respecta les droits inviolables de la conscience humaine : offrant un asile au janséniste comme au protestant, au libre-penseur comme au juif.

Et ce fut ainsi que nous lui devons en grande partie l'expansion du génie et de la libre-pensée française. La Hollande ne fut pas seulement le refuge de Descartes et de Bayle. Que serait devenue, sans elle, la philosophie du dix-huitième siècle ? Et qu'auraient pu faire les Voltaire et les Diderot, s'il n'y avait eu, hors de portée du roi très chrétien, la librairie de Hollande pour publier leurs ouvrages les plus audacieux, qui de là rentraient en France ?

C'est la Hollande qui devint l'asile de notre grand penseur. Combien fut considérable, dans le mouvement de l'esprit humain, l'œuvre dont il y accomplit la plus grande partie ! Ce fut l'esprit libre par excellence. En un temps où, dans les coups les plus divers, les intelligences les plus opposées se ressemblaient en un point, c'est qu'ils donnaient à leur pensée une formule également absolue, il fut l'incarnation de l'investigation critique. Examinant tout, discutant tout avec une incroyable passion de la vérité ; analysant, fouillant toutes les idées, dans un travail perpétuel d'une profonde sincérité. C'est ainsi qu'il arriva à une conception dominante de l'incertitude de toutes les convictions humaines. On l'a, pour cela, à titre de sceptique, rapproché de Montaigne, dont il diffère du tout au tout. Le grand écrivain du seizième siècle est un dillettante, parcourant tout le domaine de l'esprit humain en curieux, et prenant plaisir, avec une morne érudition et la pénétration de son génie, à mettre partout à nu les raisons de douter. Bayle a les œuvres d'apostolat qu'il léguera à ses héritiers, les Voltaire, les Jean-Jacques, les Diderot. Il n'est pas sceptique quand il s'agit de confondre l'erreur et la superstition, de revendiquer les droits de la conscience humaine, et flétrir les persécutions.

Il trouve les armes de combat dont se serviront ses successeurs : le journal, où peuvent se mêler les discussions les plus diverses ; le dictionnaire, conçu comme moyen de polémique, et d'où sortira l'encyclopédie. Tout d'abord, au nom de la raison humaine, il renie la foi aux miracles, à la révélation. Il montre combien sont incertains les témoignages sur lesquels on s'appuie. Il commence, non sans précautions, cette petite guerre aux textes sacrés, que Voltaire continuera toute sa vie.

Puis, il montre courageusement que la morale est indépendante du dogme. Le premier, il ébranle cette idée fort basse qu'on n'a aucune raison d'être honnête si l'on ne croit pas qu'il y a un Dieu qui vous payera au centuple vos bonnes actions. Savez-vous rien de plus dégradant pour la conscience, que cette conception que pourtant l'on nous répète de tous côtés ?

Si quelque milliardaire faisait marcher derrière vous, dans la rue, un laquais qui vous donnerait un billet de cent francs chaque fois que vous donneriez deux sous à un mendiant, oseriez-vous prétendre prouver votre esprit charitable, si vous ne laissiez passer aucun pauvre sans lui faire votre aumône? Et si l'on vous annonçait qu'on vous cassera les reins si vous buvez un coup de trop, seriez-vous un homme sobre parce que vous vous abstiendrez de vous griser par crainte de la trique suspendue sur vos épaules? Est-on un honnête homme, si l'on n'évite d'être injuste, cruel, voleur, débauché, qu'en perspective du payement qu'on est sûr de recevoir un jour ou l'autre? Bayle a le mérite singulier d'avoir donné un caractère plus élevé à l'honnêteté, en même temps qu'il montrait sans peine qu'en fait la crainte de l'enfer n'empêchait pas beaucoup de dévots de commettre de fort mauvaises actions, et qu'en revanche nombre d'hommes restaient fort honnêtes, sans attendre aucune récompense.

Mais son plus beau titre devant la postérité, est d'avoir pris en main la cause de la tolérance, dans un temps où on la comprenait bien peu, et d'en avoir propagé l'idée avec une ardeur, une suite, une obstination, une intrépidité qui marquent sa place parmi les plus grands.

Il fut tenu en haute estime de son temps. Je vois dans une très remarquable étude qui va paraître, et qui a pour auteur M. Albert Cazes, que La Fontaine le prisait fort : cela n'est pas étonnant. La Fontaine avait, on le sait, l'esprit très libre. Ce qui est plus significatif, c'est que Boileau, tout dévot qu'il fut, et dévot de l'espèce la plus sévère, puisqu'il était janséniste, le tenait aussi en haute estime. Mais il est mort sans que son temps ait compris, peut-être sans avoir compris lui-même, la magnifique importance de son œuvre. C'est quand le mouvement dont il a été l'initiateur aura pris des proportions démesurées, que sa gloire resplendira de tout son éclat. Voltaire lui devra une bonne partie de son œuvre, et n'hésitera pas à le proclamer. Bayle est le père des encyclopédistes.

Il était quelque peu honteux qu'il n'eut pas sa statue au chef-lieu de son pays natal, la vieille cité républicaine de Pamiers. On va réparer cette injustice : dans quelques mois, la statue de l'apôtre de la libre-pensée se dressera au-dessus des toits de la ville, sur la belle promenade d'où le regard embrasse la chaîne des Pyrénées dans un magnifique horizon couronné de neiges. C'est à notre ami Tournier qu'on le devra. Albert Tournier, on le sait, n'est pas seulement un des plus fermes républicains du Bloc, un des plus vaillants combattants d'avant-garde de la démocratie : c'est encore un écrivain et un homme de pensée, qui n'oublie pas que nous aussi nous avons nos ancêtres dont nous devons célébrer la gloire. Un de nos meilleurs statuaires, lui-même enfant de l'Ariège, M. Icard, a été chargé du monument, dont il a fait une œuvre fort remarquable, si j'en crois la photographie que j'ai eue sous les yeux.

L'excellente idée de Tournier a eu un résultat divertissant : c'est non seulement d'exciter la colère de l'évêque de Pamiers, mais encore de lui faire pondre un opuscule qui *fournit* un échantillon fort curieux de la psychologie épiscopale. Je me suis demandé, en le parcourant, quel traitement on faisait subir au cerveau des prélats, pour y faire germer des idées aussi bizarres. Que dites-vous, par exemple, de cette définition que je cite textuellement. *« Tolérance, en bon français, veut dire une indulgente condescendance* POUR CE QU'ON NE PEUT EMPÊCHER. » Ainsi, pour cet étrange M. Rougerie (c'est son nom), la tolérance n'oblige qu'à permettre ce qu'on n'a pas les moyens matériels d'interdire. On peut penser ces choses-là : on ne les dit pas. Ailleurs, il énonce cette curieuse pensée, que Bayle a été pour Pamiers ce que M. de Bismarck a été pour Bazeilles et pour Châteaudun. Pourquoi ? Parce que M. de Bismarck a fait mettre à sac Châteaudun et Bazeilles. Quoi ! direz-vous, Bayle en a-t-il fait autant à Pamiers ? Pas tout à fait : l'événement auquel fait allusion M. Rougerie s'est passé soixante-dix ans avant sa naissance. Mais on n'en peut pas dire autant de son aïeul ! Alors ! direz-vous, c'est donc le grand-père de Bayle qui a fait saccager la malheureuse cité ? Pas tout à fait : ce qu'on lui reproche, c'est d'avoir été tué par les catholiques quand, à leur tour, ils attaquèrent la ville. Et voilà comment Bayle et M. de Bismarck se sont mis exactement dans la même situation, l'un vis-à-vis de Pamiers, l'autre vis-à-vis de Châteaudun !

Quelle lumineuse intelligence, que celle de M. Rougerie !

CAMILLE PELLETAN.

Pierre Bayle

Né en 1647 au Carla-le-Comte, près de Pamiers (Ariège), P. Bayle mourut le 28 décembre 1706 à Rotterdam, où, proscrit, il s'était réfugié. Il avait alors cinquante-neuf ans. Sa vie, traversée par les épreuves, attristée par les trahisons de l'amitié et les persécutions de ses propres coreligionnaires, n'en reste pas moins la vie la plus prodigieusement laborieuse et féconde qu'il ait été donné à un homme de lettres de vivre. « Divertissements, parties de plaisir, voyages à la campagne et telles autres récréations nécessaires aux gens d'études — à ce qu'ils disent — n'est point mon fait; je n'y perds point de temps... Avec cela, conclut-il dans une de ses préfaces, un auteur va loin en peu d'années. »

On reconnaîtra à ce trait l'un de ces robustes et probes travailleurs que nous donne l'Ariège. C'est par ce labeur assidu que Pierre Bayle explique l'abondance de sa production. En voulez-vous un sommaire aperçu : 1° « Les pensées diverses sur la comète »; 2° « Les nouvelles de la République des lettres »; 3° « Le commentaire philosophique sur les paroles de l'Evangile : « Contrains-les d'entrer »; 4° « Les objections sur Dieu, l'âme et le mal »; 5° « Les réponses à un provincial ». Tous ces livres, où il appuie des raisonnements les plus solides, de l'érudition la plus sévère, sa critique des superstitions, sa défense de la toute puissance de la Raison, si puissante du reste que, pour la combattre, ses ennemis sont obligés d'y avoir recours ; ces « périoques », où il passait en revue les œuvres de ses contemporains et combattait leur dogmatisme étroit ; ces ouvrages, d'une variété infinie, et où, poursuivant sa généreuse entreprise, il tente de pénétrer les hommes de plus de raison et de tolérance, ne forment pas moins, réunis en une dernière édition, de quatre gros volumes in-quarto.

Voici maintenant l'œuvre capitale : « Le Dictionnaire historique et critique » en quatre volumes in-folio. On demeure stupéfait uniquement, semble-t-il, par le travail matériel que supposent tant de volumes, et de cette dimension. La stupéfaction devient admiration pour peu que l'on se familiarise avec ce prodigieux monument, d'une pensée pullulante, en quelque sorte, et toujours féconde. Quelle sagacité dans les recherches, quel choix et quelle probité dans les citations ! Tout ce que Bayle a écrit, au point de vue de l'érudition pure, est définitif.

Si le dix-huitième siècle sut apprécier Pierre Bayle, nos pédants du dix-neuvième siècle ont trop affecté, vraiment, de l'avoir oublié. C'est que, sans doute, il leur rend encore trop de services pour ne pas les obliger d'être ingrats. Ne leur demandez pas de dire à quel trésor ils puisent ainsi. Il est si commode de se parer des plumes d'autrui, de se munir d'un appareil formidable de citations et de textes et de paraître savant à bon compte! Il suffit de négliger d'indiquer ses sources. Les cagots de toutes les confessions n'ont pas été moins empressés que les pédants à faire la conspiration du silence.

C'est que P. Bayle ne fut pas seulement un impeccable érudit, redresseur des erreurs et des torts de l'histoire, un savant, persévérant, avisé et ardent à dénoncer tous les mensonges, toutes les supercheries, les fausses bulles, les faux titres, où les papes, les prélats, les moines fondaient leur prétendue délégation divine; il fut, par-dessus tout, l'infatigable, le lumineux, le persuasif apôtre de la raison, de la morale et du droit purement humains, du support mutuel, de la tolérance. J'ai sur ma table de travail ces in-folio vénérables. Je les consulte comme des amis renseignés et tout pleins de charme. Je me sens pris, en les feuilletant, de respect pour leur intrépide auteur et d'une reconnaissance infinie. Mon émotion est d'autant plus vive que, je le vois bien, à la rédaction habile et mesurée des notes et notules, aux ruses mêmes de l'appareil typographique, cet ascète de l'érudition, ce saint de la recherche, ce héros de la pensée libre, se sentait guetté et traqué. Je le vois comme constamment partagé entre son inextinguible soif de la vérité et la crainte, trop justifiée, du bûcher, des bastilles et des galères du roi très chrétien. Il est gai, cependant, exempt de pédantisme; et sa gaîté parfois déborde en véritable débauches d'esprit.

Je ne sais quel *fouette-cul* de notre Sorbonne lui a fait dans ces derniers temps un grief de cette prudente habileté et de cette jovialité. Il lui en fait un reproche comme d'une marque de bassesse d'âme et de poltronnerie. J'aurais bien voulu y voir ce monsieur. Les supplices des Calas et des Sirven, le bûcher du chevalier de la Barre, ces horreurs qui soulevaient d'une sainte colère le cœur de Voltaire, ne disent rien, sans doute, à cet élégant papillon de notre cuistrerie attardée aux railleries sur M. Homais. Eh bien! Voltaire reconnaissait P. Bayle pour son maître. Le « Dictionnaire philosophique » n'est guère, en effet, qu'une réédition mise à la portée de tous du savant « Dictionnaire historique et critique ». P. Bayle occupe dans la hiérarchie des esprits, dans ce mouvement qui, dès la Renaissance, portait nos pères à une totale émancipation de la pensée, une place prépondérante. Il ouvre le dix-huitième siècle. Il prépare, il annonce l'œuvre libératrice des Montesquieu, des Voltaire, des Diderot, des encyclopédistes. Il leur fournit des armes bien trempées, d'inépuisables munitions. Le *Dictionnaire* est l'arsenal où, pour leur rude bataille, tous viendront s'équiper et s'armer.

Sous l'énergique et persévérante impulsion de leur député M. Albert Tournier, les républicains de

Pamiers accomplissent donc pour l'humanité, pour la France, un acte de justice et de gratitude envers l'un des plus puissants ouvriers de l'émancipation de la raison, en élevant à Pierre Bayle un monument digne de lui.

Le statuaire Icard, un enfant de l'Ariège, un artiste vigoureux, s'est chargé de fixer dans le bronze les traits de ce rude laboureur du champ de la pensée, de ce P. Bayle qui est bien le fils de sa race, de son climat, de son milieu, de cette terre d'Ariège dont on a dit qu'elle produisait « des hommes et du fer ». En exécution d'une pensée originale et neuve par où se verront et la glorification d'un grand esprit et la réparation d'un trop long oubli, une femme très jeune et très belle, une déesse dont un chaste vêtement sculpte les *formes* adorables, la « Raison humaine », porte à bout de bras le buste du penseur. Elle va le poser sur le piédestal de ses œuvres. Elle le contemple dans un regard, dans un mouvement d'ineffable reconnaissance. Les républicains de l'Ariège devaient à leur compatriote, au héros de la pensée libre, au proscrit mort sur la terre d'exil, de répondre à l'appel de leur député, à celui de notre illustre et vénéré Marcellin Berthelot, président d'honneur du comité de la statue. Ils l'ont fait comme il convient.

C'est sur un point culminant du pays, sur le Castella, au sommet de cette promenade enchanteresse de Pamiers, d'où se découvrent à l'horizon, avec leurs pics neigeux, les lignes bleues des Pyrénées et ces hauts contreforts où, avec Monségur, leur dernière citadelle, tombèrent les martyrs du « libre esprit », que s'élèvera le monument. Le regard embrasse, de là, avec les méandres de la torrentueuse Ariège, les grasses cultures de la plaine et, plus loin, ces « terres fortes » du Carla où, avec son père proscrit, son frère mort au Château-Trompette, emprisonné pour cause de religion, P. Bayle, dès l'enfance, mangea le pain amer des persécutions. Nul lieu n'était mieux désigné pour son monument, qui sera aussi le monument de la Pensée libre, de la Raison et de la Tolérance.

DELUNS-MONTAUD.

J'ai consulté avec fruit, pour cette notice, la thèse de Lenient (Étude sur Bayle, 1855); — *A. Deschamps* (Genèse du scepticisme érudit chez Bayle, 1878); — *Brunetière* (Études critiques, V^e série); — *Sainte-Beuve* (Portraits littéraires, tome I); — *J. Delvolvé* (Communication au Congrès international de philosophie, tome IV).

J'ai aussi relevé, chemin faisant, les critiques adressées à Bayle par M. Rougerie, évêque de Pamiers, dans une petite brochure intitulée : Bayle le Sceptique, *parue à Pamiers en 1898.*

A. C.

PREMIÈRE PARTIE

ÉTUDE SUR BAYLE

I. — Vie de Pierre Bayle

Le philosophe Pierre Bayle est né au Carla, dans le comté de Foix, le 18 novembre 1647. Il s'agit de la commune du Carla, aujourd'hui canton du Fossat, anciennement appelée Carla-le-Comte, et qui a pris depuis quelques années le nom de Carla-Bayle. On ne doit pas la confondre avec le Carla-de-Roquefort, commune du canton de Lavelanet. Ce nom de Carla a souvent causé de singulières méprises : on le trouve parfois écrit *Carlat*, avec un T. Voici une confusion amusante et instructive à laquelle cette double orthographe a donné lieu : Bayle avait noté les principaux faits de sa vie sur un journal qu'il appelait *Calendarium Carlananum*. En 1715, un littérateur de la Haye cita ce journal sous le titre de *Calendarium Carlatanum*. Aussitôt, un savant nommé Menckenius, dans la préface de sa *Charlatanerie des gens de lettres*, donna ce journal comme une preuve que Bayle n'était qu'un *charlatan !*

J'ai cru devoir rapporter ce fait, pour bien faire sentir la légèreté avec laquelle les ennemis de Bayle partaient en guerre contre lui.

Le père de Bayle était ministre protestant du Carla. Le Carla, autrefois chef-lieu d'une châtellenie comtale comprenant tous les domaines du comte de Foix dans la vallée de la Lèze, avait embrassé la Réforme au XVIe siècle. Les protestants chassés de Pamiers en 1566 s'y étaient réfugiés, et, après la Saint-Barthélemy, le Carla fut la véritable place forte du protestantisme dans le Comté de Foix. Aussi eut-elle à soutenir des sièges nombreux : elle fut plusieurs fois prise et reprise par les catholiques et les protestants, jusqu'à ce qu'elle eut perdu ses remparts, démolis en 1629 par ordre de Louis XIII. La foi protestante y fut toujours très vive, et l'on montre encore aujourd'hui, auprès du village, le défilé du Jambonnet, où l'on dit que sept protestants tinrent tête à l'armée de Thémines.

Pierre Bayle était le second des trois enfants du ministre du Carla. Son frère aîné, Jacob, fut ministre, comme son père, qu'il suppléa dans sa vieillesse; son frère cadet, Joseph, nommé Du Perrot, d'un petit bien de la famille, paraît avoir été l'objet d'une affection particulière de la part du futur philosophe. Quant à la mère, Jeanne de Bruguière, elle appartenait à une des plus anciennes familles du pays.

Pierre Bayle fut élevé au foyer paternel jusqu'à l'âge de 19 ans. Son père lui apprit tant bien que mal le latin et le grec. L'enfant était frêle et délicat, et dut souvent interrompre ses leçons. Il témoignait d'ailleurs d'un très vif désir de s'instruire. Il dévorait tous les livres qui lui tombaient sous la main. « Le dernier livre que je vois, dira-t-il lui-même, est celui que je préfère à tous les autres... Jamais amant volage n'a plus souvent changé de maîtresses que moi de livres. » (Lettre du 21 septembre 1671). Plus tard, il déclarera qu'il ne peut s'empêcher « de faire des courses sur toutes sortes d'auteurs ». Cette expression le peint admirablement, et explique son immense érudition. Rien ne lui est inconnu : il n'y a pas de livre, ancien ou moderne, dont il n'ait au moins ouï parler.

En février 1666, son père l'envoya à l'Académie protestante de Puylaurens, aujourd'hui chef-lieu de canton de l'arrondissement de Lavaur, dans le Tarn. Le jeune Bayle travailla avec une telle ardeur, né prenant ni récréations, ni vacances, qu'il tomba malade et fut continuellement souffrant. Il dut rentrer au Carla. Son père l'envoya alors, en mai 1668, chez un de ses parents, ministre protestant à Saverdun. Ce fut une joie pour Bayle, car son hôte avait une immense bibliothèque, où le jeune homme s'enfermait pendant des journées entières. Il ne tarda pas à être atteint d'une fièvre qui faillit l'emporter. Rentré au Carla, il y passa ses mois de convalescence, puis revint à Puylaurens. Il ne devait plus revoir son village natal.

A Puylaurens, ses livres de chevet furent Plutarque et Montaigne, livres sérieux pour un jeune homme de son âge. Ainsi, dès son adolescence, il exerçait son esprit plutôt que son imagination. Il lisait aussi Cicéron, Sénèque, Erasme, La Bruyère

« qui est, selon lui, fort propre pour donner de l'esprit aux jeunes gens et leur raffiner le goût. »

Mais son père voulait lui faire donner une instruction bien plus solide encore. Quoique ministre protestant, il n'hésita pas à envoyer son fils à Toulouse, suivre les leçons de logique (philosophie) du Collège des Jésuites. Cela arrivait souvent, malgré la défense des synodes. Le jeune Bayle fit une excellente année de logique, sous la direction du Père Ignace No. Il y apprit à discuter avec feu, et étonna souvent ses maîtres par la vivacité de ses reparties. Il aimait la philosophie, parce qu'il y trouvait « la méthode de pousser vivement et subtilement une objection et de répondre nettement et précisément aux difficultés. » (Lettre du 27 janvier 1695).

Pourtant, il était, depuis son séjour à Puylaurens, très frappé de la force des arguments des catholiques sur la tradition et l'autorité de l'Eglise. Ayant discuté avec un prêtre qui habitait dans la même maison que lui, et n'ayant pu répondre à ses raisonnements, Bayle se convertit au catholicisme, le 19 mars 1669, un mois exactement après son arrivée à Toulouse. Il écrivit même à son frère Jacob, au Carla, pour essayer de le convertir. L'évêque de Rieux, duquel relevaient les catholiques du Carla, fit aussitôt du bruit autour de cette conversion, qui frappait l'hérésie dans un de ses ministres. Il offrit même de terminer l'éducation de Pierre Bayle à ses frais.

Mais l'ardeur du néophyte se calma et ne put résister à la réflexion : le culte excessif des Jésuites pour les créatures et l'impossibilité de la Transsubstantiation le conduisirent à tout remettre en question; son frère vint le voir à Toulouse et acheva de l'ébranler. Le 21 août 1670, Bayle abjura la religion catholique. Il était resté catholique pendant dix-sept mois.

Mais la situation devenait alors pour lui des plus périlleuses ; *relaps*, il retournait comme le chien à son vomissement ; ou, pour parler comme saint Jacques, il ne différait pas « de la truie, qui est revenue, après avoir été nettoyée, se vautrer de nouveau dans le bourbier. » Les ordonnances de 1665 et 1669 portaient des peines très sévères contre les convertis retombés dans l'hérésie.

Aussi, par mesure de prudence, ses parents le firent-ils partir secrètement pour Genève, le jour même de son abjuration.

Genève, la cité éristique par excellence, était à cette époque la grande pourvoyeuse du clergé calviniste. Son académie était, selon le mot de Sayous, « une sorte d'école normale des églises réformées. »

Bayle y arriva instruit et désabusé. « Un savant homme, dit-il quelque part, qui essuie la censure d'un ennemi redoutable, ne tire jamais si bien son épingle du jeu qu'il n'y laisse quelque chose. » Bayle y laissa tout son feu de croyance, tout son aiguillon de prosélytisme.

Précepteur chez M. de Normandie, syndic de la

République de Genève, puis chez le comte de Dhona, à Coppet, dans le château qu'habiteront plus tard Necker et Mme de Staël, Bayle se lia avec Chouet, qui professait le cartésianisme, et avec les savants Minutoli, Tronchin, Pictet, Constant de Rebecque (un des ancêtres de Benjamin Constant), tous protestants sérieux et austères. De brillantes conférences avaient lieu entre jeunes gens, et Bayle y connut le jeune Basnage, qui devint son ami.

Mais le désir de rentrer en France poussa Bayle à quitter Genève; le 2 mai 1674, il partit pour Rouen, où Basnage lui avait procuré un poste de précepteur, chez un riche marchand. Dès lors, Bayle ne songe plus qu'à venir à Paris. La capitale exerce sur lui un attrait irrésistible. Il écrit à son frère le 23 mars 1674 :

« Ma pensée serait d'aller à Paris avec des lettres de recommandation et d'y chercher quelque emploi, quel qu'il fût,... parce que, quand on est à Paris, on étudie bien mieux, on voit plus de choses, et par là on se rend plus capable. »

En mars 1675, il s'installe à Paris, comme précepteur chez MM. de Béringhen, frères d'un conseiller au Parlement de Paris et de la duchesse de la Force, avec un traitement de 200 francs par an. Pour dépister ceux qui auraient pu l'inquiéter comme relaps, il jugea prudent de changer l'orthographe et la prononciation de son nom. Il se faisait adresser ses lettres au nom de *Bèle*, et cette prononciation est restée générale, bien que dans son pays on prononçât Ba-y-le.

A Paris, il fut introduit aux conférences qui se tenaient chez Ménage et fit la connaissance de Conrart. Mais, sur l'invitation de son ami Basnage et de Jurieu, ministre et professeur de théologie à Sedan, Bayle se décida à quitter le centre des belles-lettres et de la politesse, et à concourir pour une chaire de philosophie devenue vacante à l'Académie de Sedan, l'une des quatre Académies protestantes de France. Bayle composa en 24 heures des thèses sur le temps, battit ses concurrents, et fit sa leçon d'ouverture le 11 novembre 1675, heureux de renoncer à ce qu'il appelait « l'esclavage » du préceptorat.

Pendant cinq ans, Bayle se livra tout entier aux soins de son enseignement, préparant ses leçons en détail, et débarrassant la philosophie de tout l'appareil scolastique dont les ergoteurs du moyen âge l'avaient encombrée.

Mais cela ne l'empêche pas d'ouvrir l'oreille aux bruits du dehors : il discute avec Ancillon, ministre de Metz, sur un livre du mystique Poiret, disciple de la fameuse Mme Guyon.

Venu à Paris aux vacances de 1679, Bayle y apprend que le duc de Luxembourg est accusé d'avoir fait un pacte avec le diable : aussitôt, avec sa fougue habituelle, il écrit pour le duc une sorte de plaidoyer, au nom du bons sens.

Dans une *Dissertation sur l'essence des corps,*

Bayle soutient contre le père jésuite Valois le principe cartésien que l'étendue est l'essence des corps, et l'impénétrabilité, celle de la matière, principes contraires à la foi de l'Église romaine.

Il est sans cesse sur la brèche, prêt à défendre la raison, toutes les fois qu'elle lui paraît outragée.

Malheureusement, de graves événements vinrent alors le troubler. Poussé par les Jésuites, Louis XIV se préparait à étouffer en France tout ce qui ne pensait pas comme lui. Bayle, dans un second voyage de Sedan à Paris, put voir que de mauvais jours se préparaient pour les réformés. Il écrit en 1680 : « Le dessein qu'on a formé contre notre religion fait que bien des gens se retirent aux pays étrangers, où plusieurs trouvent des emplois avantageux.... J'ai dessein de faire un tour en Hollande, s'il plaît à Dieu, les vacances prochaines, et de m'y arrêter, si j'y trouve quelque petit établissement qui ne soit pas de grande fatigue,..... et peu m'importe, de l'humeur dont je suis, qu'il y ait beaucoup à gagner, *adsit modo victus et vestitus frugalissimus.* »

Louis XIV le prévint : le 9 juillet 1681, il supprima les Académies protestantes, celle de Sedan la première. Bayle se trouvait donc sans ressources. Le comte de Guiscard lui promit de grands avantages, s'il embrassait le catholicisme. Bayle refusa énergiquement.

Recommandé à Paetz, beau-frère de Corneille de Witt, Bayle se rendit à Rotterdam, où l'on fonda, pour lui et pour Jurieu, une *École illustre* : Bayle y fut nommé professeur de philosophie et d'histoire, Jurieu professeur de théologie. Bayle garda toujours à la famille de Paetz une grande reconnaissance. Le 5 décembre 1681, il faisait sa leçon inaugurale.

C'est ici que commence réellement pour Bayle la période d'activité et de production. Les ouvrages vont se succéder, rendant son nom célèbre dans toute l'Europe.

Le 11 mars 1682, Bayle publia son premier livre important : *Les Pensées diverses sur la comète de 1680*. Il s'y élève avec force contre les préjugés qui attribuent aux comètes une puissance mystérieuse sur les événements humains, montre les excès de la superstition et proclame que l'on peut être athée, tout en restant un parfait honnête homme. Cet ouvrage est écrit avec une verve entraînante qui valut à l'auteur une grande réputation.

Quatre mois après, Bayle fit paraître à Amsterdam la *Critique générale de l'Histoire du Calvinisme du Père Maimbourg*. Le Père Maimbourg, ex-jésuite, qui mettait sa plume au service du roi, avait publié une *Histoire du Calvinisme* dans laquelle il cherchait à rendre odieuse la conduite des réformés : Bayle le réfute dans 29 lettres, à l'imitation des *Provinciales*, composées en quinze jours. C'est là qu'apparait son pyrrhonisme historique : se fondant sur le grand nombre d'erreurs et de passions qui altèrent l'histoire, Bayle se fait le champion de la tolérance, appelle la Saint-Barthélémy « l'éternelle honte de la religion romaine » et dit que la religion qui se donne comme vraie devrait être la première à pratiquer « cette débonnaireté qu'elle croit que les autres sont obligées d'avoir à son égard. »

Le livre eut assez de retentissement pour qu'à Versailles on jugeât nécessaire de la condamner au feu. Jurieu, qui avait aussi réfuté le Père Maimbourg, eut beaucoup moins de succès que Bayle et lui en garda rancune.

A la fin de 1682, la sœur de Jurieu voulut marier Bayle avec Mlle Dumoulin, jeune, jolie, et riche. La jeune fille eut beau insister elle-même, Bayle ne put se décider à accepter, préférant se réserver une vie exempte de soucis et garder toute son indépendance et tout son temps pour l'étude.

De 1682 à 1687, l'activité de Bayle est extraordinaire. En 1683, il publie des ouvrages que lui envoyaient ses amis protestants, désireux d'être présentés au public sous son patronage. En 1684, il donne un *Recueil de quelques pièces curieuses concernant la philosophie de Descartes,* où il déplore la servilité des écrivains en France et l'inquisition qui s'attache à toute manifestation de la pensée.

Le mois de mai 1684 vit paraitre le premier numéro d'un journal auquel Bayle songeait depuis longtemps et qu'il appela *Nouvelles de la République des Lettres;* désirant profiter de la grande liberté laissée aux publications en Hollande, Bayle veut publier chaque mois un compte rendu des livres et des événements les plus divers. C'est en somme quelque chose d'analogue à la *Chronique des livres* de nos Revues actuelles. Il rend compte du livre de Van Dale et de celui de Fontenelle sur les Oracles, de la querelle de Malebranche et d'Arnauld; il donne une description avec figures de la nouvelle manière par laquelle Denis Papin élève les eaux, — des planches montrant la structure de la rétine dans l'œil du poisson; il parle de la réception de Boileau à l'Académie, et aussi d'un homme enfermé aux Petites-Maisons, qui a jeûné 40 jours et 40 nuits, ce qui déprécie les jeûnes fameux de Moïse, d'Elie ou de Jésus-Christ.

Toute cette rédaction lui demandait un travail inouï. Il est curieux de le voir s'excuser auprès du public de la peine qu'il a à se procurer les livres, il prie les auteurs de s'empresser un peu de faire venir les exemplaires, ou du moins les curieux *« de les prêter pour quelques jours. »*

Bayle continua cette revue mensuelle, qu'il rédigeait seul, jusqu'en 1687. Elle eut un succès énorme, qui lui valut les félicitations de la Société royale de Londres (13 mai 1686); l'Académie française elle-même le remercia par la bouche de Benserade de l'envoi de son journal (18 mai 1685). Si l'on songe que cette publication lui occasionna des démêlés avec le grand Arnauld, avec Fontenelle, et même avec la reine Christine de Suède, on ne pourra au moins contester à Bayle le mérite d'un travail acharné et la gloire d'une réputation déjà européenne.

Une série de malheurs vint alors s'abattre sur Bayle ; en mai 1684, il apprit la mort de son frère cadet Joseph ; un an après, celle de son père ; son frère aîné Jacob devait mourir dans des circonstances atroces, sur lesquelles nous allons nous arrêter un instant.

L'évêque de Rieux, qui avait autrefois protégé Pierre Bayle après sa conversion, était furieux de l'appui que Bayle prêtait par sa plume aux réformés. Ne pouvant rien contre lui, il s'en prit à son frère aîné Jacob, ministre au Carla. Il trouva un appui dans Louvois : celui-ci était blessé de quelques réflexions du philosophe de Rotterdam sur les mesures prises contre les calvinistes. Aussi, bien que la conduite prudente du frère aîné de Bayle fut exempte de tout reproche, l'arrestation de Jacob Bayle fut-elle ordonnée. Incarcéré à Pamiers, puis à Bordeaux, dans un cachot infect du Château-Trompette, Jacob Bayle ne céda ni aux menaces ni aux promesses : il refusa d'abjurer le protestantisme, et mourut noblement, après une agonie de cinq mois, le 12 novembre 1685.

Bayle fut accablé par cette mort, et la révocation de l'Edit de Nantes (octobre 1685) ne contribua pas peu non plus à déchirer le cœur meurtri de l'exilé. La persécution fut particulièrement terrible dans le comté de Foix : au mois de mars 1686, le gouverneur fit garder les cols, de jour et de nuit, par les communautés d'Ax, de Tarascon, de Vicdessos, de Mérens et de Siguer, pour empêcher l'exode des nouveaux convertis; les Etats donnèrent 300 livres à chacune de ces communautés pour frais de garde. Les nouveaux convertis se soulevèrent en 1688, mais leur révolte fut promptement et sévèrement réprimée. (Voir Arnaud, *Mémoire sur les États de Foix*, thèse de doctorat, décembre 1904, page 152). Dès 1683, un grand nombre de temples protestants avaient été démolis dans le comté de Foix : le temple de l'Olmet à Pamiers, la grande église réformée à Mazères, le petit Consistoire au Mas d'Azil, quelques maisons ou colloques au Carla, à Saverdun, et aux Cabannes, où se trouvaient alors des réfugiés protestants.

Bayle, poussé à bout par une telle furie de dévastation et par les mauvaises nouvelles qui lui arrivaient du pays natal, écrivit alors une vigoureuse protestation, pleine de feu et d'indignation : dans le livre intitulé « *Ce que c'est que la France toute catholique sous le règne de Louis le Grand* », il réclame la liberté de conscience, et déclare que la violence est le véritable caractère de l'Eglise romaine. « Les moines et les prêtres sont, dit-il, une gangrène qui ronge toujours... Dieu est trop bon essentiellement pour être l'auteur d'une chose aussi pernicieuse que les religions positives, semence éternelle de guerres, de carnage et d'injustice ».

En octobre 1686, dans son *Commentaire philoso-*

phique sur ces paroles de Jésus-Christ : « Compelle intrare » (Contrains-les d'entrer), il montre qu'il n'y a rien de plus abominable et de plus illégitime que les conversions imposées par la force. Il y affirme même les droits de la conscience errante, c'est-à-dire le respect dû à l'erreur prise consciencieusement pour la vérité.

Cette œuvre, destinée à la vulgarisation, souleva des réponses même du côté des protestants. Saurin, Jurieu, Basnage, lui reprochent de tendre au socinianisme, en accordant trop de droits à la raison, au détriment de la foi. Jurieu, surtout, jaloux de la prépondérance que Bayle prend de plus en plus, dans l'Eglise Réformée, par sa science et par ses écrits, cache mal son dépit. L'abbé d'Olivet explique cette inimitié entre Bayle et Jurieu par une légende de relations intimes entre Bayle et Mme Jurieu, qui ne résiste pas à l'examen. En réalité, Bayle choquait ses ardents coreligionnaires parce qu'il avait des vues trop larges; qu'il voulait étendre la tolérance aussi bien aux juifs, qu'aux mahométans et aux païens, et qu'il ne désapprouvait pas moins le supplice de Michel Servet que les Dragonnades. Dès lors, les protestants, irrités par la persécution, crurent que Bayle devenait indifférent à leur religion et s'acheminait vers l'incrédulité. Ce fut l'origine d'une longue suite de querelles où Bayle tint tête vigoureusement à tous ses anciens amis, incapables de se défendre de leur esprit sectaire.

La jalousie de Jurieu se changea en haine acharnée contre Bayle, lorsque, au début de 1689, parut la *Réponse d'un nouveau converti*, bientôt suivie des *Réflexions sur les guerres civiles des protestants*. L'auteur rappelle aux calvinistes le supplice de Servet, et prétend que leur conduite leur ôte le droit de reprocher aux catholiques les persécutions de France. Jurieu, attribuant ces deux publications à Bayle, répliqua en combattant le dogme de la tolérance universelle, et n'hésita pas à faire appel à la force pour justifier le système prophétique selon lequel il avait trouvé dans l'Apocalypse que le règne du papisme allait finir en 1689 par la volonté du roi très chrétien.

Cette prédiction fut tournée en ridicule dans un livre qui parut en 1690, intitulé : *Avis important aux refugiés sur leur prochain retour en France;* publié à Amsterdam, sans nom d'auteur, ce livre contenait à l'adresse des Réformés les mêmes critiques et les mêmes reproches. Jurieu soutint encore que Bayle en était l'auteur. Puis, des *Entretiens sur un projet de paix générale* d'un sieur Goudet ayant paru à Lausanne sous les auspices de Bayle, Jurieu, emporté par son sectarisme aveugle, ne vit plus dans l'*Avis aux Refugiés* et dans le *Projet de Paix* que les œuvres d'une cabale dévouée à la France et qui cherchait la ruine des calvinistes. Il signala Bayle comme un faux-frère, et, dans son *Avis im-*

portant au public, l'appela fourbe, traître à l'hospitalité, traître à la foi de ses pères.

Bayle repoussa énergiquement cette série d'accusations dans la *Cabale chimérique* et la *Chimère de la cabale de Rotterdam*. Ce fut le signal d'une guerre interminable de libelles et de répliques où Bayle eut à répondre seul à ses ennemis déchaînés. Jurieu l'accusa de socinianisme, d'athéisme, et intéressa les consistoires à sa haine. Bayle était soutenu par les magistrats républicains du parti des Witt à Rotterdam. Mais ceux-ci ayant été remplacés par des créatures de Guillaume III, la situation de Bayle devint instable. Guillaume se souvenait en effet que la paix de Nimègue avait été rendue possible grâce à des écrits répandus en Hollande par des plumes dévouées à Louis XIV. Or cet ennemi juré de Louis XIV ne voulait à aucun prix de paix avec la France.

Jurieu n'eut donc pas de peine à obtenir de lui la destitution de Bayle; on lui enleva sa pension et jusqu'au droit d'enseigner, sous prétexte d'idées dangereuses et impies trouvées dans les *Pensées sur la Comète*. Bayle s'émut peu de cette mesure rigoureuse; ayant des goûts simples, il était certain de pouvoir se suffire avec le travail de sa plume. Mais son culte pour la tolérance ne fit que grandir, et il écrit, à cette époque, à son cousin de Naudis (1691) : « Vous serez cent fois meilleur réformé, si vous ne voyez notre religion qu'où elle est persécutée ; vous seriez scandalisé, si vous la voyiez où elle domine. »

C'est alors que Bayle se livra tout entier à l'œuvre colossale, qui devait rendre son nom immortel : le *Dictionnaire*. Dès 1692, il avait publié le *Projet et fragments d'un Dictionnaire historique et critique*. Il se proposait de dresser un inventaire de toutes les erreurs et de toutes les inexactitudes dont fourmillaient les livres en général et surtout les dictionnaires. Travailleur infatigable, ne perdant pas son temps aux récréations, il suffit à cette tâche immense. J'aurai l'occasion de parler plus longuement de cette œuvre si importante dans l'histoire de la pensée humaine, où Bayle se montre tour à tour érudit, humaniste, historien, controversiste, géographe, philosophe, et par-dessus tout apôtre de la tolérance.

Le *Dictionnaire historique et critique*, dont le premier volume parut en 1695, eut un tel succès, qu'à Paris on voulut le réimprimer. Mais l'abbé Renaudot, petit-fils du fondateur de *la Gazette de France*, chargé par le chancelier Boucherat d'examiner l'ouvrage, le trouva dangereux, et l'autorisation d'imprimer fut refusée.

Naturellement Jurieu intervint aussi, et soumit l'ouvrage à l'examen du Consistoire de l'Église wallonne de Rotterdam, où il dominait. Mais Bayle protesta de la droiture de ses intentions, et Jurieu fut invité à plus de modération à l'égard de son adversaire.

Désormais, la réputation de Bayle était immense. En 1700, la princesse Sophie de Hanovre, et sa fille l'électrice de Brandebourg, plus tard reine de Prusse, veulent le voir à Rotterdam. Bayle va ensuite les voir à la Haye. Des seigneurs anglais, le comte d'Huntington et le comte d'Albemarle, lui font des offres magnifiques pour se l'attacher. Bayle refusa, préférant l'indépendance à la richesse.

Sa joie, c'était la discussion et la polémique. Tout Bayle est là-dedans. A propos du Dictionnaire, il eut à répondre à de célèbres et redoutables contradicteurs, notamment à Teissier et à Leibniz. Il se reposait en discutant et en écrivant encore. C'est ainsi qu'en 1704, il fit paraître la *Réponse aux questions d'un provincial*, espèce de miscellanées, analogue aux « *Diverses leçons* » du seizième siècle, et où il s'abandonne à sa fantaisie.

Il eut encore à polémiquer avec Leclerc, avec Jaquelot, ministre protestant de Berlin. Jurieu écrivit encore contre lui : le *Philosophe de Rotterdam accusé, atteint et convaincu*. Bayle répondit aux accusations de Jurieu et de Jaquelot dans les *Entretiens de Maxime et de Thémiste* (1706).

A la fin, les adversaires de Bayle ont moins l'air de défendre la vérité que de se venger et d'assouvir des haines personnelles. Ils essayèrent de le faire passer pour criminel d'Etat, et le poursuivirent jusque dans la tombe. Une telle opiniâtreté et un tel acharnement contre un homme réduit à sa seule plume pour se défendre montrent combien les sectaires de la religion réformée redoutaient sa vigoureuse et entraînante dialectique.

A ce moment, la renommée de Bayle était telle, qu'on l'eût peut-être autorisé à rentrer en France, s'il l'avait demandé. Seignelay avait fait offrir au pasteur Allix 4,000 francs de pension et plus, s'il voulait rentrer en France et se convertir. Que n'eût-on pas donné pour convertir Bayle? Mais celui-ci avait trop d'honneur et de dignité pour accepter un tel marché.

D'ailleurs, une toux opiniâtre et une pulmonie le tourmentaient depuis un an, l'obligeant à des précautions continuelles. Il vit venir la mort avec la sérénité d'un vrai sage. Il demandait seulement assez de vie et de forces pour achever sa réplique à M. Jaquelot. Il refusa systématiquement de se servir de remèdes. « Il vaut mieux laisser agir la nature, écrit-il le 25 octobre 1706, et lui laisser faire son coup, sans la traverser par des médicaments. » Un de ses amis demanda pour lui une consultation à Fagon, le médecin de Louis XIV, mais elle arriva trop tard.

Bayle mourut le 28 décembre 1706, sans avoir pu revoir ses amis de France et respirer l'air natal. Il mourut sans s'être alité, presque la plume à la main. C'est bien ainsi que devait finir ce lutteur infatigable. Il n'avait que cinquante-neuf ans. Il fut inhumé dans l'Église française de Rotterdam, aux pauvres de laquelle il avait laissé cent florins.

Le *Journal des Savants* (janvier 1707), annonça sa mort en ces termes : « L'année ne pouvait guère finir par une perte plus sensible à la république des lettres. »

Telle fut la vie, noble et simple, de cet homme extraordinaire, dont l'activité étonna ses contemporains, et qui nous offre l'exemple admirable d'une pensée sans cesse en haleine, d'un esprit avide de liberté et d'indépendance, et d'un labeur tout entier consacré à la vérité.

II. — Caractère de Bayle.

La vie et l'œuvre de Bayle se placent à une époque où commence à craquer de toutes parts le vaste édifice de croyances et de traditions qu'avait élevé et conservé le génie organisateur du XVIIe siècle. L'esprit humain, acculé entre les dogmatismes, opprimé par les affirmations brutales du despotisme et de la foi, va bientôt tout remettre en question. Jusque là, les luttes sanglantes et les persécutions avaient succédé aux vaines disputes scolastiques, le siècle était rempli des discussions des théologiens, et des querelles des philosophes. A Aristote avait succédé Descartes, Saint-Thomas était détrôné par Saint-Augustin ou Tertullien. Le Protestantisme, né de l'esprit de révolte et d'examen, n'avait pu qu'aboutir lui-même à un autoritarisme, moins étroit, mais tout aussi impérieux.

La pensée libre paraît enfin avec Bayle, plus envahissante et plus remuante que jamais. Bayle vient tout à coup se poser entre les deux dogmatismes, sur un terrain neutre. Il ne prend fait et cause pour personne et attaque tout le monde. Il est lui-même, c'est-à-dire un novateur hardi et sincère.

Mais, avant de retracer sa pensée et de démêler les idées qui se dégagent de ses énormes in-folio, il convient, après avoir raconté sa vie si agitée, de demander aussi à son caractère l'explication de son fécond scepticisme. Nous aurons, chemin faisant, l'occasion de relever certaines affirmations gratuites de M. l'évêque de Pamiers ou de ses modèles.

Les contemporains de Bayle et ceux qui l'ont particulièrement fréquenté s'accordent à nous le représenter sous des traits énergiques; on pouvait lire sur sa physionomie l'indépendance, la franchise audacieuse et l'ouverture de l'esprit. Ce n'est pas un des côtés les moins admirables de son caractère, que de voir cet homme, de constitution frêle, sans cesse malade de la poitrine, sujet à de fréquentes migraines, dompter sa nature par l'effort de sa volonté et travailler jusqu'à la fin de sa vie quatorze heures par jour. Cet effort absolument admirable, qui dénote une vigueur et une énergie d'esprit peu communes, devrait imposer le respect aux petits critiquailleurs qui s'acharnent à dénigrer le philosophe. Lorsqu'on se trouve en face de ces énormes volumes, et qu'on essaie de se représenter non seulement la masse inouïe de lectures qu'une telle œuvre a exigées, mais simplement le temps matériel qu'il a fallu pour les écrire, on demeure absolument stupéfait d'une aussi colossale puissance de travail. Bayle a lu tous les anciens et tous les modernes; et, comme il est doué d'une mémoire prodigieuse, nous retrouvons toute la pensée humaine dans ses écrits. Il est à lui tout seul une véritable bibliothèque.

Il résulte de là que Bayle était évidemment un ami de la retraite et de la tranquillité, voyant peu le monde, peu sensible à la bonne chère, très indifférent pour tout ce que les autres appellent plaisirs. Par haine de toute contrainte, il s'abstenait surtout des relations qui auraient pu compromettre son indépendance. M. Rougerie se plaît à nous le dépeindre comme un flatteur, qui aurait recherché les faveurs de Louis XIV. Rien n'est plus contraire à la vérité : « Si vous me demandez, écrit Bayle à son frère, pourquoi j'aime l'obscurité et un état médiocre et tranquille, je vous assure que je n'en sais rien... Je n'ai jamais pu souffrir le miel, mais pour le sucre, je l'ai toujours trouvé agréable : voilà deux choses que bien des gens aiment. » Il est touchant de voir quelles précautions et quelles ruses il fallut à milord Shaftesbury pour lui faire accepter une montre, si l'on songe qu'à cette même époque le célèbre railleur Guy Patin trouvait un louis d'or sous son assiette, chaque fois qu'il daignait accepter de venir dîner chez certains grands seigneurs. On se serait arraché Bayle, s'il avait voulu, car il était devenu, du fond de son cabinet, une espèce de roi des beaux esprits.

Naturellement bon et indulgent, ce philosophe qui suscita tant de querelles était un homme doux et pacifique : à Rotterdam, les plus graves événements de sa vie furent pour lui ses déménagements, qui lui brouillaient ses livres et ses papiers. En 1693, il perd sa chaire presque avec satisfaction, heureux d'échapper « aux cabales et entremangeries professorales qui règnent dans toutes les Académies. » Il poussait la philosophie pratique jusqu'à l'indifférence. Sa modestie était telle, qu'à l'exception des *Nouvelles de la République des lettres* et du *Dictionnaire*, pour lesquels ce fut une nécessité, il ne mit jamais son nom à ses écrits. Il refusa catégoriquement de laisser mettre son portrait à la tête du *Dictionnaire*. On voit donc qu'il y avait un peu de sauvagerie dans son isolement, et l'on s'explique aisément qu'il n'ait pas acquis cette finesse du sentiment qui se développe au contact d'une société polie et particulièrement de celle des femmes. Bayle avait son franc parler de montagnard pyrénéen, et il n'apportait pas dans tous les sujets cet art d'envelopper délicatement certaines choses qu'on peut faire entendre sans qu'il soit besoin de les dire.

Aussi, parce que Bayle a disserté dans son *Dictionnaire* sur certaines curiosités anatomiques, et n'a pas caché les monstruosités morales dont l'histoire offre le triste spectacle, la pudeur du chaste évêque de Pamiers s'est sentie froissée. Il cherche à faire passer Bayle pour un véritable pornographe. Or il est trop évident que Bayle, en donnant naïvement certains détails qui paraissent scabreux à des âmes immaculées comme celle de l'évêque de Pamiers, a cru faire tout simplement son devoir d'historien et d'écrivain; il est vrai de dire que le libraire comptait là-dessus pour assurer la vente de ses ouvrages, comme plus tard celui de Montesquieu pour les *Lettres persanes*. Mais la vie même de Bayle est là pour détruire cette monstrueuse et perfide accusation d'obscénité. L'obscénité est dans l'esprit du lecteur qui recherche avec soin les passages piquants disséminés dans l'ouvrage : elle ne saurait être chez l'auteur. Et j'ai bien peur que les petits saints, scandalisés par ces passages, ne soient déjà hantés de certaines visions avant même que d'ouvrir le livre incriminé. L'évêque de Pamiers ne pourra pas nier que les mœurs de Bayle ont été absolument irréprochables, et M. Brunetière lui-même, rendant hommage à la dignité de la vie de Bayle, reconnait que ses ennemis ne trouveront jamais à le mordre de ce côté.

Bayle n'a eu qu'une seule passion : la recherche de la vérité. Mais il n'a pas comme Voltaire, d'autre passion qui puisse fausser sa critique. Il est l'équilibre même : il n'a jamais fait un vers français en sa jeunesse, il n'a jamais rêvé aux champs, il n'a jamais été amoureux, passionnément amoureux d'une femme; on dirait qu'il n'a pas connu les douceurs de l'amitié : il a eu des correspondants, non des amis; en fait de passions artistiques, il n'en éprouve qu'une, celle des marionnettes : ce naïf et curieux philosophe courait à la place publique et y restait des heures entières, dès qu'on lui annonçait l'arrivée des baladins. Ainsi, la vie de l'esprit a été très exubérante chez lui, mais non celle du cœur. Tout son art est critique : lire, s'enquérir, disserter, discuter et apprendre, voilà ses passions et ses joies.

Son trait dominant, c'est la curiosité, une « curiosité affamée » comme il le dit lui-même. Il est à son aise dans les recherches érudites; les antiquités, l'histoire, la biographie, voilà son domaine. Il est peu porté aux mathématiques, parce qu'elles absorbent et dispensent des livres; il est tout aussi désintéressé dans l'éloquence et la poésie, ce qui le rend plus fidèle dans son office de rapporteur de la république des lettres. Il n'a pas de préférences : il met le ballet de *Psyché* au niveau des *Femmes savantes;* pour lui, « l'Hippolyte de Racine et celui de M. Pradon sont deux tragédies très achevées. » Pour cet homme avide de tout savoir, l'un des graves inconvénients du séjour du Carla, c'est le trop grand éloignement. Il guettait au passage les livres nouveaux, ce qui ne l'empêchait pas de dévorer les livres anciens, le plus souvent la plume à la main, mais toujours à bride abattue, emmagasinant sans cesse, sans crainte de fatiguer sa prodigieuse mémoire. Cet homme était né bibliothécaire.

Une seule chose peut-être était plus forte que sa curiosité; c'est sa nature éristique, sa soif d'examen et de discussion. Il excelle à voir le fort et le faible d'une question, c'est en se jouant qu'il met un adversaire dans l'embarras, qu'il le poursuit jusque dans ses derniers retranchements, qu'il dresse devant lui tout un réseau serré d'objections et d'instances.

En somme, Bayle nous apparait comme un esprit paisible, ami de l'étude, indépendant, adversaire acharné des préjugés et se piquant de ne pas jurer sur les paroles d'un maître; d'une sagacité logique et d'une subtilité métaphysique qui n'ont point été surpassées, cet observateur pénétrant a merveilleusement démêlé toutes les causes de nos erreurs, et, en plein siècle de Louis XIV, il a prétendu obliger toutes les croyances à produire leurs titres.

Sa vie, son œuvre, son caractère imposent l'admiration et le respect.

III. — Le « scepticisme » de Bayle.

Après avoir examiné la vie et le caractère de Pierre Bayle, nous allons entrer d'une façon plus directe dans l'étude de ses idées proprement dites, et nous essaierons de déterminer la part de Bayle dans le vaste mouvement qui aboutit à la Révolution de 1789; nous verrons la quantité énorme d'idées et de doctrines que le dix-huitième siècle a puisées dans ses œuvres, que notre siècle lui-même a recueillies et répand tous les jours, et dont on oublie trop souvent de lui attribuer le mérite.

M. l'évêque de Pamiers croit avoir tout dit, après avoir traité Bayle de « sceptique ». Il y a tant de manières d'être sceptique, depuis le scepticisme de Carnéade jusqu'à celui d'Anatole France, qu'il importe de bien s'entendre là-dessus.

On se représente volontiers un sceptique comme un esprit difficile et frondeur, sans cesse en défiance contre toute doctrine et en défense contre les raisons dont on les soutient. Telle n'est pas à coup sûr le forme du scepticisme de Bayle. « Ce qui fait Bayle sceptique, dit M. Delvolvé, ce n'est pas d'être inaccessible aux raisons, c'est au contraire de leur ouvrir ses portes toutes grandes, de laisser des opinions s'installer en lui, ennemies entre elles, qui bientôt, se froissant et s'usant l'une l'autre se dépouilleront de leurs prétentions absolues pour subsister au titre de simples probabilités, émergeant tour à tour, suivant les temps, à la surface de l'esprit ». Nous avons vu en effet que Bayle est, par tempérament, un remueur d'idées, amoureux d'arguments et d'ingénieuses disputes ; par son milieu et les circonstances de sa vie, un polémiste profondément engagé dans les querelles religieuses, morales, politiques de son temps. Il a des vues personnelles, mais il les glisse dans le cadre des vieilles discussions théologiques, il les dissémine parmi les idées des autres, qu'il aime à rapporter, à rapprocher, à faire battre entre elles, à corriger à sa mode. Et c'est pourquoi, au travers de son œuvre énorme, on voit couler et se précipiter tout un flot de pensée humaine, qui se répandra largement, au XVIIIe siècle, sur la France et l'Allemagne, et d'où émergera en philosophie pure, la réforme kantienne dont l'action a été si puissante sur le développement du protestantisme et sur la morale de notre siècle.

La disposition naturelle de Bayle à entrechoquer les idées se manifeste à toutes les pages de ses écrits et dans maintes circonstances de sa vie, notamment au début de sa carrière, dans sa double conversion du calvinisme au catholicisme et réciproquement. Ces conversions, sincères l'une et l'autre, furent ses premiers actes de sceptique et ne purent que renforcer la disposition d'esprit qui les avait produites. Bayle n'est donc point sceptique de parti pris et pour le plaisir de l'être, comme l'insinue M. Rougerie : il doute parce qu'accordant à toutes les raisons son attention bienveillante, il aperçoit toujours le balancement des raisons dans un sens par les raisons en sens contraire. Mais il est loin d'être négateur par principe : il est tout prêt à accueillir avec joie, s'il la trouve en son chemin, une *certitude positive*.

Bayle commence par refuser d'ajouter foi aux croyances populaires, d'autant plus énergiques qu'elles sont aveugles, et d'autant plus aveugles qu'elles appartiennent à une plus grande foule. « Ce que les hommes, sans l'avoir vu, sans l'avoir entendu, sur la foi d'un ouï-dire, ou pour l'avoir lu dans des livres qui se copient les uns les autres, se sont transmis de génération en génération, n'a rien à ses yeux qui soit plus sacré ni plus respectable, dans son ancienneté, que ces qualités occultes ou ces êtres de raison dont le *Discours de la méthode* était venu purger la philosophie. » (Brunetière, *Etudes critiques*, V). Bayle a vu très nettement que le préjugé traditionnel est la source la plus large des croyances humaines; aussi estime-t-il que l'erreur règne en fait dans le monde et refuse-t-il de souscrire à l'axiome célèbre : *Vox populi, vox Dei.* Rien de plus intéressant là-dessus que son chapitre *De l'autorité de la tradition* au début des *Pensées sur la comète* (Œuvres compl., éd. 1737; t. III, p. 12) : « Que ne pouvons-nous voir ce qui se passe dans l'esprit des hommes, lorsqu'ils choisissent une opinion ! Je suis sûr que si cela était, nous réduirions le suffrage d'une infinité de gens à l'autorité de deux ou de trois personnes, qui, ayant débité une doctrine que l'on supposait qu'ils avaient examinée à fond, l'ont persuadée à plusieurs autres par le préjugé de leur mérite, et ceux-ci à plusieurs autres, qui ont trouvé mieux leur compte pour leur paresse naturelle, à croire tout d'un coup ce qu'on leur disait, qu'à l'examiner soigneusement... *et enfin on s'est vu réduit à la nécessité de croire ce que tout le monde croyait, de peur de passer pour un factieux, qui veut à lui seul en savoir plus que tous les autres* » Bayle se méfie d'ailleurs des savants autant que du vulgaire : « Il ne faut pas que le nom et le titre de savant nous en impose. Que savons-nous si ce grand Docteur qui avance quelque doctrine, a apporté plus de façon à s'en convaincre, qu'un ignorant qui l'a crue sans l'examiner?... On peut assurer qu'un habile homme qui ne débite que ce qu'il a extrêmement médité, *et qu'il a trouvé à l'épreuve de tous ses doutes,* donne plus de poids à son sentiment, que cent mille esprits vulgaires *qui se suivent comme des moutons*, et se reposent de tout sur la bonne foi d'autrui » (*Ibid.*, § XVII). Bayle est l'esprit critique incarné, la soif de savoir, *libido sciendi*. Sa défiance est universelle, il s'attache à détruire le respect de l'imprimé, parce qu'il connaît trop les erreurs où cette superstition a conduit les hommes. Il sait trop, comme le dira plus tard Talleyrand, que « la parole a été donnée à l'homme pour déguiser sa pensée. » Son premier mouvement sera donc un mouvement de doute.

En tout cela, Bayle est l'héritier légitime de l'esprit cartésien, plus que du scepticisme antique. Il ne veut reconnaître comme vrai que ce qui est évident, et chacune de ses négations affirme la toute-puissance ou la compétence unique de la raison. Comme les cartésiens aussi, Bayle attribue l'erreur, non à un défaut de la volonté, mais à la liaison de l'âme et du corps, d'où résulte nécessairement un obscurcissement de l'intelligence.

Avec Descartes, Bayle reconnaît *l'évidence absolue* de certaines vérités premières; mais il se sépare de lui, en ce qu'il n'étend pas, de proche en proche, l'évidence absolue de ces vérités premières au corps entier des connaissances humaines. « Lorsqu'une vérité nécessaire n'est point évidente, ou en soi, ou par le moyen d'une gradation de preuves qui la fasse remonter jusqu'à un premier principe sur des prémisses incontestables, alors elle peut être combattue de telle manière, qu'il est malaisé de discerner si ceux qui la nient ont plus de tort que ceux qui l'affirment » (*Sup. du Comm. phil.* Œuvres div., t. II, p. 526). Bayle se sépare *en fait* du dogmatisme cartésien, en ce qu'il rétrécit le champ des vérités que nous pouvons connaître avec une évidence absolue; et, de plus, il admet la possibilité d'une *évidence trompeuse,* capable de nous faire adhérer invinciblement à des erreurs que nous prenons pour des vérités. « L'évidence, dit-il, est une qualité relative, c'est pourquoi nous ne pouvons guère répondre, si ce n'est à l'égard des notions communes, que ce qui nous semble évident le doit paraître aussi à un autre...... Plusieurs personnes regardent un même tableau, chef-d'œuvre d'un Michel-Ange, et en font mille jugements différents. Celui qui est dans le point de vue, et qui est connaisseur, le trouve admirable; d'autres, qui le regardent d'un autre point, et qui n'ont nul goût, ni habileté, le méprisent... vous trouvez peut-être le vin de Canarie si bon, que vous croyez qu'il ne faut qu'avoir une langue pour sentir cette bonté; mais combien y a-t-il de gens *qui valent autant que vous*, et qui ne boivent que de l'eau, qui ne sauraient mettre dans leur bouche ce vin sans le trouver très mauvais. *Ainsi, c'est une ignorance crasse du monde, et de l'homme principalement, que de juger du goût d'autrui par le nôtre* ». (*Comment. philos.;* Œuvr. comp., t. II, p. 396.)

En somme, en matière de connaissances métaphysiques, un rudiment de dogmatisme, réduit aux principes premiers, est recouvert par l'amoncellement des doutes.

On pourrait dire de lui ce que Michelet a dit de Kant : « Cet homme s'appelait Critique. » Prenant tour à tour les questions principales de la métaphysique, le mal, la constitution du corps, la nature de Dieu, etc..., il montre qu'on se heurte partout à des difficultés insolubles ; aux partisans absolus de la révélation et de l'*autorité* en matière religieuse, aux théologiens, aux philosophes, aux moralistes, aux politiques, aux historiens, aux pyrrhoniens, il fait toucher du doigt le côté mobile, relatif, contingent des choses humaines. Passer du doute à l'indifférence, de l'indifférence à la tolérance, tels sont les degrés par lesquels il veut conduire l'esprit de ses lecteurs.

Cet homme étonnant vient revendiquer un peu de tolérance pour l'*Erreur* devant des gens qui prétendent être en possession de la Vérité sous toutes ses formes, religieuse, philosophique, littéraire, politique. « Je ne vois pas plus de crime, dit-il, dans ceux qui se trompent que dans ceux qui ne se trompent point. » (*Suppl. au Comm. phil.*, § 24).

C'est là qu'est la nouveauté et l'audace du système de Bayle. Jusqu'alors, on n'avait juré que par la *Vérité*, au nom d'un dogmatisme étroit et orgueilleux. Quand Luther et Calvin soulèvent la moitié de l'Europe contre le Saint-Siège, quand Descartes renverse le vieil empire de la scolastique, quand Bossuet et Jurieu entassent réfutation sur réfutation, c'est toujours au nom de la *Vérité* qu'ils affirment. Avec Bayle, le spectacle change : il réclame pour l'*Erreur*, tant qu'elle est honnête dans le fond et modérée dans la forme, tant qu'elle n'excite ni violences ni séditions, le privilège de la propagande et de la publicité, la tolérance de l'opinion.

On voit donc que le caractère propre du scepticisme de Bayle, « c'est de montrer la contradiction des résultats auxquels la raison arrive d'une manière également correcte; il en conclut, non que la raison est mauvaise en elle-même, mais qu'elle n'est pas proportionnée à la vérité, que celle-ci est au-dessus de sa portée. Aussi son scepticisme n'exclut pas un certain dogmatisme. » (Deschamps, p. 21.)

Il faut donc en finir avec cette légende d'un Bayle prenant un malin plaisir à tout critiquer sans réflexion et dans le seul but de ne pas être de l'avis de tout le monde, « offensant la logique et la *loyaute* (?) pour les mieux détruire, » (Rougerie, p. 8) désireux d'inquiéter les esprits et de « dévoyer les intelligences », disant oui et non sur toute grande question, « ne cherchant dans la discussion que le triomphe de sa vanité! » (Rougerie, p. 10), « introduisant partout l'incertitude et l'anarchie des opinions, *jouant avec le scepticisme*, montrant au monde à rire de tout. » (Deschamps, cité par Rougerie, p. 14 et 15.)

Bayle n'a rien d'un « destructeur riant sur des ruines. » Comme nous le disions en commençant, il ne demande pas mieux que d'arriver à un résultat *positif*. Et la meilleure preuve qu'il y est arrivé, c'est qu'il est l'initiateur des systèmes de *morale indépendante*. Ce n'est pas nous qui affirmons cela, c'est M. Rougerie lui-même. Mais, entraîné, par un saint transport, aveuglé par son sacré ressentiment, M. l'évêque de Pamiers ne voit pas la contradiction criante qu'il y a à affirmer, d'une part, que Bayle n'a pu que renverser sans édifier, et que d'autre part il « a levé le drapeau de la morale indépendante » qui « compte aujourd'hui journaux et sectateurs. »

Bayle n'est donc pas un pur destructeur, puisque, de l'aveu de M. Rougerie, il nous reste quelque chose de lui, et qu'il « revit tout entier à notre époque au milieu des Français » (p. 12).

Dans son étroitesse, M. Rougerie condamne Bayle tout entier, et ne rend même pas hommage, comme l'ont fait tous les détracteurs de Bayle, à ses qualités de travailleur et d'érudit. Ce procédé n'est pas seulement peu loyal, il est dépourvu d'adresse.

Nous conseillons à Sa Grandeur de méditer là-dessus l'opinion du biographe de Bayle, Desmaizeaux, qu'il trouvera en tête de la grande édition de Bayle de 1737 : « Ceux-mêmes qui n'approuvent pas les sentiments de M. Bayle, admirent la beauté, la fertilité de son génie et l'étendue de son savoir : ceux qui ne lui rendent pas cette justice, et qui affectent, ou font semblant de le mépriser pour s'élever en l'abaissant, décrient moins M. Bayle que leur propre discernement, et font plus paraître leur présomption que leur capacité. »

IV. — Idées de Bayle sur la Religion et la Providence.

« Il est beaucoup de gens qu'on étonnerait, dit Lanfrey, en leur apprenant que Bayle est un Français du siècle de Louis XIV, absolument comme Molière ou La Fontaine. Ses idées sont, en effet, d'un siècle en avance sur celles de ses contemporains. »

Bayle est, en plein XVIIe siècle, à l'époque du Roi-soleil, le véritable précurseur du XVIIIe siècle. C'est pour avoir le premier tenté de rendre ses titres à la raison humaine, que cet homme extraordinaire a souffert toute sa vie, et a été trop oublié après sa sa mort. Bayle est sceptique, mais un sceptique qui croyait au droit, au devoir, à la vertu, à l'humanité. Il doute, mais son doute est plus fécond que toutes les affirmations. Il a enfanté le monde moderne.

Bayle vient à une époque imprégnée de théologie et de philosophie. Mais déjà de grands penseurs ont découvert la double base du savoir humain, l'Expérience et l'Evidence. Bacon, philosophe des sciences physiques, a déjà entrevu la loi de perfectibilité; Descartes, philosophe de la science morale et psychologique, a proclamé l'indépendance absolue de la Pensée. Mais, tout frémissants encore de l'ardeur de la conquête, ils se laissent éblouir et ne poussent pas à bout leurs découvertes. Descartes prétend arriver à la certitude absolue sur l'âme, sur la nature et sur Dieu. Un fait cependant reste acquis; Descartes sépare la Foi et la Raison. Désormais, la Raison pourra s'éclairer de sa propre lumière et vivre de sa propre vie. Malebranche et Spinoza, quelle que soit la beauté de leurs systèmes, ne font qu'attester une fois de plus l'impuissance métaphysique de l'esprit humain. Une dernière tentative est faite par Leibniz et Bossuet pour réconcilier le Protestantisme avec le Catholicisme, — la philosophie avec la religion, — la raison et la foi. Leibniz écrit même un traité *De la conformité de la foi et de la raison*. Mais une pareille prétention ne pouvait aboutir : entre la raison qui affirme et la foi qui nie, il faut se décider.

C'est pour la raison que Bayle se prononce; car, même dans ses actes de foi, l'homme, qu'il le veuille ou non, subit encore le joug de la raison. Lorsque le croyant croit, c'est encore en vertu d'une opération de la raison. « Et quand on dit qu'il faut s'en tenir au jugement de l'Eglise, s'écrie Bayle, n'est-ce pas revenir à la raison? Car ne faut-il pas que celui qui préfère le jugement de l'Eglise au sien propre, le fasse en vertu de ce raisonnement : l'Eglise a plus de lumière que moi, donc elle est plus croyable que moi? C'est donc sur ses propres lumières que chacun se détermine; *s'il croit qu'une chose est révélée, c'est parce que sa raison lui dicte que les preuves qu'elle a révélées sont bonnes*. Mais où en sera-t-on s'il faut que chaque particulier se défie de sa raison comme d'un principe ténébreux et illusoire? Ne faudra-t-il pas s'en défier lors même qu'elle dira : l'Eglise a plus de lumière que moi? » Si donc l'empire de la raison est légitime, sa fille, la pensée, doit seule régner en maîtresse. Voilà comment Bayle est amené, au long de sa laborieuse carrière, à engager une lutte gigantesque contre toutes les métaphysiques et toutes les religions.

Dès son enfance, la religion est devenue pour lui matière à controverse; et il finit par se convaincre qu'il est impossible à l'homme d'arriver à la certitude en pareille matière : dès lors, à quoi bon répandre le sang pour des doctrines incertaines?

Bayle doit à ses conversions un avantage : c'est d'avoir pu garder un sang-froid imperturbable au milieu des querelles religieuses, et de juger avec impartialité les actes et les écrits des deux partis.

Cette indépendance d'esprit est affirmée dans sa première œuvre importante : *Les Pensées diverses sur la Comète.* A la fin de 1680, une comète formidable avait mis en émoi toute la France. Voltaire raconte dans le *Siècle de Louis XIV*, que bien des gens sérieux, dévôts et savants, restaient convaincus que tous ces mouvements du ciel ne présageaient rien de bon. Les astronomes étaient confondus et les théologiens se tiraient d'affaire en y voyant une intervention de la puissance divine. A l'étranger on crut que c'était là un signe certain de la chute prochaine de Louis XIV; les courtisans n'y reconnurent que le présage de nouvelles conquêtes.

Bayle saisit cette occasion pour faire entendre les simples leçons du bon sens. Philosophie, théologie, histoire, politique, tout comparait devant son tribunal. Bayle se lance dans une attaque vigoureuse contre les superstitions, et par là ouvre la brèche sur les religions. De Maistre dira plus tard : « La superstition est un ouvrage avancé de la religion, qu'il ne faut pas détruire », sentant bien que toute religion, repose sur une superstition nécessaire. C'est précisément pour cela que Bayle entreprend de jeter bas tout cet édifice vermoulu; il ne veut pas de ces religions, qui ne sont qu'un prétexte à asservir les âmes. Aussi, après avoir attaqué la croyance aux idoles, aux sibylles, aux comètes, aux pluies de pierre ou de feu, aux apparitions merveilleuses, s'en prend-il plus directement aux effets et aux droits des religions elles-mêmes. Il veut moins détruire les religions que leur arracher le glaive ou l'anathème dont elles frappent les dissidents. C'est ainsi qu'il est conduit à proclamer des principes, absolument extraordinaires pour l'époque, et qui aujourd'hui nous paraissent tout naturels.

On croyait généralement, au siècle de Bayle, qu'une société ne peut exister sans religion. Bayle soutient énergiquement le contraire et prétend que la loi humaine peut se suffire à elle-même sans le secours de la foi religieuse. De pareilles théories heurtaient violemment les idées reçues autour de lui, et il ne faut pas s'étonner si Bayle a pris des précautions pour faire passer ses hardiesses ; mais, quelles qu'aient pu être ses restrictions apparentes, sa pensée demeure bien nette : Bayle conçoit, en plein règne de Louis XIV, l'existence possible d'une société athée. On conviendra qu'il y avait quelque courage à professer ces idées-là.

Pour lui, la religion n'a pas plus de valeur qu'une simple opinion, et il sait trop bien que les hommes obéissent moins à leurs opinions qu'à leurs passions : « Néron était dévôt, en fut-il moins cruel? Les croisés qui commirent d'atroces ravages en Bulgarie n'étaient-ils pas de fidèles croyants? Les soldats qui pillent, violent et tuent, sont-ils déistes ou philosophes ? » (*Pensées sur les Comètes*, 1re partie).

Aussi Bayle examine-t-il les diverses religions avec autant de tranquillité qu'il aborde les divers jugements sur un ouvrage dans ses *Nouvelles de la République des Lettres*. Il est tour à tour catholique dans ses *Pensées sur les Comètes*, presbytérien dans le *Commentaire philosophique*, manichéen dans le *Dictionnaire*, méthodiste dans ses *Réponses aux questions d'un Provincial*. Il s'installe avec une merveilleuse souplesse au sein de chaque opinion et montre les points faibles en traits vigoureux.

Une de ses grandes préoccupations est de déraciner des esprits l'idée de la Providence, dont Bossuet a cherché à faire le rempart de la religion chrétienne.

A ses yeux, la permanence et la simplicité des lois sont les seuls caractères qui conviennent à la majesté divine : c'est dire qu'il réduit le nom de la Providence à n'être que l'expression de l'immutabilité des lois de la nature. Il s'indigne contre ces maladroits qui mettent le ciel en branle pour le gain d'une bataille ou pour la mort d'un prince. « Ces hyperboles ne sont permises qu'aux prédicateurs et à Messieurs de l'Académie française. » Il montre que le dogme de la Providence est incompatible avec l'idée de la sagesse et de la bonté de Dieu. Il est indigné de la croyance aux miracles, aussi répandue chez les protestants que chez les catholiques. Les protestants, ses coreligionnaires, se consolaient des persécutions, en espérant, sur la foi de Jurieu, leur retour en France après trois ans d'exil, par le seul effet de la Providence divine. L'année 1689 passa, et la France resta fermée aux protestants. Bayle se consola facilement de ce malheur, en songeant que la raison avait été vengée.

Nier ainsi l'intervention de Dieu dans les affaires humaines, c'est proprement le déisme, et Bayle en donne ainsi la formule avant les libres-penseurs anglais, avant Collins, avant Tindal, avant Toland. Avant même que Voltaire soit né, Bayle va plus loin que Voltaire. Et certes (c'est M. Brunetière qui le dit), Bossuet et Pascal n'ont pas eu de plus dangereux adversaire. On trouve souvent chez Bayle une habileté, une raillerie, une bonhomie perfide qui rappellent l'auteur des *Provinciales*.

Il n'accepte pas la preuve de l'existence de Dieu par le consentement universel. Il s'appuie pour cela sur les longues erreurs du consentement des peuples, qui a tour à tour donné raison au polythéisme et tort à Galilée ; et d'autre part il affirme qu'il est faux que tous les peuples croient à la divinité. Il cite le fameux exemple des peuples athées dans les îles Mariannes, et conteste la valeur du témoignage que les Saxons et les sauvages de l'Amérique ont rendu à la religion chrétienne.

Le fameux argument des causes finales, déjà maltraité par Rabelais et Montaigne, n'est pas plus respecté par lui. Sans crainte de soulever des réfutations et des controverses, d'ameuter les synodes, de réveiller les magistrats et la police, ce doux révolutionnaire jette son défi aux théologiens anciens et modernes. « Les chevaux, dit-il, n'ont pas plus de respect pour la sainteté d'un prêtre que pour les titres de duc et pair ; ils ne respectent que l'adresse de ceux qui les montent. Or, cette adresse s'acquiert sans aucune dépendance de la foi évangélique ». Ainsi Bayle ne reconnaît pas cette royauté de l'homme sur les bêtes, inscrite par Dieu même en tête du livre sacré.

Bayle est tout aussi révolutionnaire sur la question de l'origine du mal. La question se pose ainsi : Le monde a été créé et se conserve par l'action de la

Providence. Dieu est donc l'auteur du mal comme du bien. Mais cette hypothèse ne saurait s'accorder avec l'idée d'un être infiniment bon et infiniment parfait. Répondra-t-on que le monde ne pouvait pas être fait autrement? Mais alors on limite la puissance du Créateur, qui, par hypothèse, est tout-puissant. Dira-t-on que le mal tient à l'essence même des créatures ? Mais les anges et les bienheureux, qui ne connaissent point le mal, sont pourtant des créatures.

Dira-t-on que Dieu a permis le péché afin de manifester sa sagesse ? « Ce serait comparer la Divinité à un père de famille qui casserait les jambes à ses enfants pour faire paraître à toute une ville l'adresse qu'il a de rejoindre les os cassés. » La bonté de Dieu peut encore être discutée sur la question des peines même temporaires : « On se demande comment un Etre qui réserve, une félicité infinie à ses créatures leur fait souffrir pendant cent mille millions de siècles les tourments les plus affreux. »

Ainsi Bayle accumule les objections avec une rigueur impitoyable. En vain, le consistoire de Rotterdam invite l'auteur à corriger son article des *Manichéens*. Bayle promet de méditer de nouveau sur l'hérésie de Manès, ajoutant malignement que, si les ministres du consistoire lui veulent fournir des réponses, il leur donnera la meilleure forme possible. Nous avons vu comment toute la fin de sa vie fut agitée par les attaques de Jurieu, de Leclerc et de Jaquelot. Les anciens amis de Bayle s'effrayaient de cet abime infranchissable qu'il voulait creuser entre la philosophie et la religion. Mais Bayle ne sortait que plus fortifié de ces attaques.

Ce sera son éternel honneur d'avoir voulu désarmer le dogmatisme des théologiens qui prétendaient tyranniser la raison : on reste confondu d'admiration devant une vie si bien remplie, tout entière consacrée à la lutte contre les superstitions et les préjugés. Désormais, la guerre était allumée entre la philosophie et la religion : grâce à Bayle, elle devait entraîner les dogmes eux-mêmes dans une ruine inévitable.

V. — Bayle et l'idée de tolérance.

Bayle est un des premiers écrivains qui aient posé avec netteté l'idée de tolérance. Sans doute, on trouverait avant lui des philosophes qui paraissent avoir revendiqué la liberté des opinions. Montaigne avait déjà dit : « Est-ce raison d'assommer des sauvages, parce qu'ils ne portent pas de hauts-de-chaus se? » Mais jamais avant lui ces idées n'avaient pour ainsi dire pris corps et formé un tout. Jamais elles n'avaient été aussi fortement exprimées. Bayle était plus que personne qualifié pour se faire l'apôtre de la tolérance, lui qui avait eu tant à souffrir de la tyrannie sous toutes ses formes.

Nous avons vu que Bayle s'est de bonne heure persuadé qu'il était très difficile à l'esprit humain d'arriver à une certitude quelconque. Si personne n'est certain de rien, il en résulte nécessairement que chacun est libre de penser sur n'importe quel sujet tout ce que bon lui semblera. A plus forte raison devra-t-on blâmer ceux qui voudront imposer par la force une soi-disant certitude. Et ainsi Bayle est conduit à l'idée de tolérance.

M. l'évêque de Pamiers, qui n'admet pas que l'on ne pense pas comme lui, prétend que « la tolérance à la façon de Bayle n'est autre chose que l'oppression déguisée de ceux qui pensent et de ceux qui croient. » Ainsi, voilà bien la pensée de derrière la tête de M. Rougerie : autoriser n'importe qui à croire n'importe quoi, ou même à ne rien croire du tout, c'est *opprimer* ceux qui croient à une religion révélée, à la religion catholique par exemple.

Il nous semble que l'histoire de la pensée de Bayle est là tout entière pour témoigner que ce grand philosophe fut non un *oppresseur*, mais un *opprimé*.

Bayle ne demandait qu'à ne pas être inquiété et il ne songeait point à inquiéter les autres : tant pis pour ceux qui se sentaient trop éblouis par la lumière crue de la raison. Bayle était trop frappé de la diversité des opinions humaines pour prétendre opprimer qui que ce fût, au nom d'une d'entre elles : « Je crois, dirait l'un, posséder la vérité, parce que j'en ai le goût et le sentiment ; et moi aussi, dirait l'autre. Je ne prétends point, dirait l'un, vous convaincre par des raisons évidentes, je sais que vous pourrez éluder toutes mes preuves ; ni moi non plus dirait l'autre...... Convenons donc, conclut Bayle, les uns et les autres de ne nous point inquiéter. » (*Dictionn.*, art. *Nicole.*)

Ainsi, selon Bayle, la contrainte en matière d'opinion est aussi opposée à la raison qu'à la justice. Tel n'est pas là-dessus l'avis de son siècle ; pour Louis XIV et les gens de son entourage, la vérité est obligatoire ; tout hérétique, en s'écartant de la vérité, est rebelle à la loi humaine autant qu'à la loi divine, et doit être ramené ou puni, même par la force.

Cette violence, selon Bayle, heurte le bon sens, car il y a des athées qui ont été très vertueux ; témoin Epicure, Lucrèce, Hobbes, Campanella, Vanini ; Socrate, Virgile, Platon n'étaient point chrétiens ; s'ils vivaient de nos jours, faudrait-il les brûler comme Vanini ? Les catholiques répètent qu'on ne peut être honnête homme et sujet fidèle, si l'on n'est catholique ; les autres, si l'on n'est protestant. Chacun revendique pour soi le privilège de l'honnêteté, et le droit de sauver la société. Bayle essaie de mettre tout le monde d'accord, en montrant que l'athéisme ne saurait être un danger sérieux pour les gouvernements, et il attaque ainsi à sa racine le principe de la religion d'Etat, le premier et le plus solide argument en faveur de la persécution.

Proclamer que tout hérétique dans un Etat doit être ramené à la vérité par la force, — et c'était là ce que proclamait le clergé de Louis XIV, — c'est reconnaître que les empereurs romains ont eu raison de persécuter les premiers chrétiens. Qu'étaient alors ces chrétiens ? Une secte peu nombreuse, pratiquant un culte nouveau, alors qu'il y avait dans l'Etat un culte officiel et reconnu de tous. Les empereurs ont traqué ces novateurs, comme plus tard Louis XIV traquera les protestants ou les jansénistes.

M. l'évêque de Pamiers ne peut, semble-t-il, qu'être d'accord avec Bayle, lorsque le philosophe réclame pour les protestants la liberté de penser ; les protestants, tout aussi bien que les premiers chrétiens, ont été des martyrs de la liberté de conscience. Il est étrange que les chrétiens, qui ont été les premières grandes victimes de l'intolérance, en soient devenus les apôtres. L'idée de tolérance a toujours été repoussée par les partis triomphants.

Au XVIe siècle, Sébastien Castellion avait tenté de la proclamer : il faut lire le bel ouvrage que M. Ferdinand Buisson a consacré à ce hardi penseur, pour voir avec quelle vigueur il fut censuré et chassé de Genève par Calvin. En vain, Michel de L'Hospital indiquait la tolérance à tous les partis comme le seul terme des guerres civiles : l'évêque de Metz l'accusa d'athéisme pour avoir osé soutenir une pareille énormité. Bourdaloue et Bossuet, à l'époque même de Bayle, célèbrent en chaire, comme une œuvre sainte, la révocation de l'Edit de Nantes ; Jurieu, l'ardent ennemi de Louis XIV, ne fait qu'imiter ce despote et donner lui-même l'exemple de l'intolérance en dénonçant Bayle au consistoire de Rotterdam, et en provoquant sa destitution. L'histoire nous montre donc que catholiques et protestants sont opprimés là où ils ne peuvent être oppresseurs. « La gloire de Bayle est d'avoir soutenu la cause de la tolérance avec une opiniâtreté qui ressemble à du courage, entre les malédictions des deux partis ; c'est d'avoir avant Locke, avant Leibniz, provoqué sur ce sujet une discussion en règle, et popularisé, du moins parmi les lettrés, une idée qui devait se répandre bientôt dans toutes les classes de la société, et nous rester comme une des conquêtes les plus sérieuses de la liberté moderne. » (Lenient, *Etude sur Bayle*, p. 47).

Bayle était indigné contre tous ces « *convertisseurs à contrainte* », qui employaient la brutalité et les menaces pour ramener les âmes errantes à une prétendue religion de paix et d'amour. Il sentait tout ce qu'il y avait de férocement ridicule à marchander ainsi les consciences par l'appât des belles promesses, et par une sorte de « racolage » aussi malsain que celui des sergents recruteurs des armées royales : « Il est bien nécessaire, dit-il, qu'un monarque né pour les plus grandes choses, s'amuse à interdire quelques sages-femmes, et à procurer la pratique des accouchements à quelques autres, et à faire la revue de toutes les listes de convertis et de la dépense que l'on a faite pour chaque conversion, et à consulter s'il est à propos, pour des coups considérables, de fournir aux convertis des secours plus grands que cent francs. »

Lorsque la persécution se fut accentuée, et que Bayle eut vu avec douleur la masse énorme de réfugiés dégorgée par les frontières, lorsqu'il apprit l'odieux assassinat de son propre frère, coupable seulement d'être et d'avoir voulu demeurer religionnaire, Bayle, dans un admirable élan d'humanité, défendit les droits de la conscience errante et proclama de la manière la plus hardie le droit à la tolérance pour toutes les opinions.

L'erreur est un droit imprescriptible, inhérent à la raison comme le mal à la liberté. Dans son *Commentaire philosophique sur la parabole : Contrains-les d'entrer*, Bayle montre ce qu'il y a d'inique à vouloir imposer une pensée à un esprit qui s'y oppose. Il repousse comme une doctrine monstrueuse ce prétendu droit qu'auraient les pouvoirs civils d'intervenir en matière religieuse. « Toute secte qui s'en prend aux lois des sociétés, et qui rompt les liens de la sûreté publique en excitant les séditions et en prêchant le vol, le meurtre, la calomnie, le parjure, mérite d'être incessamment exterminée par le glaive des magistrats. Hors de là, toute persécution contre les idées est injuste et déraisonnable.» (*Comment. phil.*, 2e partie, VI). Il cite l'exemple de Basile, grand-duc de Moscovie, qui commandait à ses paysans de traverser en hiver des rivières demi-glacées, de sauter dans des brasiers ardents, de lui apporter un verre de sueur ou un millier de puces. « Il ne recommandait pas, dit-il, des choses plus impossibles qu'il ne l'est à certaines gens de croire ceci ou cela en matière de religion »; et plus loin il ajoute: « Combattre des erreurs à coups de bâton, n'est-ce pas la même absurdité que de combattre contre des bastions avec des harangues ou des syllogismes? » C'est là pourtant ce qu'ont souvent fait les religions, quelles qu'elles soient, et M. l'évêque de Pamiers veut rire sans doute lorsqu'il écrit (p. 25) : « *L'Église prêche la foi par la persuasion, mais ne l'impose jamais de force* ». Il me semble avoir entendu parler d'un certain massacre, dit de la Saint-Barthélemy : comme éloquence « persuasive », ce fut assez réussi ! M. Rougerie cite, (p. 6), un extrait de l'encyclique « *Immortale Dei* », dans laquelle le pape Léon XIII s'exprime ainsi : « En réalité, si l'Eglise *ne juge pas convenable* que les divers autres cultes aient les mêmes droits *que la vraie religion (?)*, cependant *elle ne condamne pas* pour cela les gouvernements, qui, en vue d'un grand bien à acquérir ou pour empêcher le mal, *supportent patiemment* que, par le fait, chaque culte ait sa place dans l'Etat. » M. le pape et M. l'évêque sont vraiment bien aimables, et une pareille douceur nous désarme en effet. « L'Église, ajoute l'encyclique, a coutume de veiller avec un soin extrême à ce que nul ne soit forcé d'embrasser malgré lui la foi catholique, parce que, selon la sage expression de saint Augustin, *nul ne peut croire s'il ne le fait volontiers.* » Pourtant, il nous semble nous souvenir que ce même saint Augustin avait défendu contre les donatistes le sens littéral de cette maxime : *Compelle intrare*, « Contrains-les d'entrer », et les persécuteurs de France s'autorisaient de son exemple pour glorifier les rigueurs de Louis XIV, puisque l'archevêque de Paris fit imprimer en français les lettres de saint Augustin contre les donatistes sous ce titre : *Con-*

formité de la conduite de l'Église de France pour ramener les protestants avec celle de l'Eglise d'Afrique pour ramener les donatistes.

Bayle montre précisément très bien comment saint Augustin a été amené à justifier pour le besoin de sa cause des rigueurs qu'il a condamnées dans ses autres ouvrages. « Saint Augustin, dit-il, est si entêté de sa persécution, qu'il la trouve dans une infinité de passages où il s'agit autant de cela que des intérêts du grand Mogol. » (*Comm. phil.*, III, 12.)

C'est ainsi que Bayle, avec une clarté merveilleuse, invoque des principes de libre discussion et de libre examen, qui sont, pour l'époque, d'une hardiesse absolument révolutionnaire. Il ne veut que la paix et la bonne harmonie : « L'exemple de la république de Hollande, qui tolère plusieurs sectes avec beaucoup d'équité, fait voir manifestement que, pourvu que l'on donne une raisonnable liberté aux sectes, elles concourent toutes, avec la religion dominante, au bien général de l'Etat. » Il va même jusqu'à réclamer la protection des lois, la liberté individuelle, la sécurité domestique, pour ces mêmes hommes qui ont dispersé les cendres de son foyer, qui ont persécuté sa famille, et l'ont forcé lui-même à vivre sur la terre d'exil.

Si l'on songe qu'un siècle devait encore s'écouler avant que nos lois politiques, civiles, criminelles même eussent achevé de s'émanciper de la théologie ; si l'on se représente qu'encore sous Louis XVI le « tolérantisme », c'est-à-dire le fait d'admettre toutes sortes de religions, était regardé comme un crime de lèse-majesté divine, passible de la peine du feu, on comprendra toute la hardiesse et aussi toute la clairvoyance de l'homme qui réclamait pour chacun le droit de se faire sa religion, au temps où Bossuet écrivait en propres termes : « L'hérétique est celui qui a une opinion. »

M. l'évêque de Pamiers, que la tolérance à la façon de Bayle effraie si fort, nous permettra de lui soumettre là-dessus quelques lignes de M. Faguet, collaborateur du *Gaulois* et de *la Croix*. Voici ce que dit cet éminent académicien, qui, certes, ne saurait être suspecté de partialité en faveur de Bayle : « La tolérance était le fond même de Bayle, et l'étoffe de son âme. Quand il s'anime, quand il s'élève, quand il oublie sa nonchalance, quand il montre soudain de l'ardeur, de la conviction, une manière d'onction même, c'est qu'il s'agit de tolérance, c'est qu'il a à exprimer son horreur des persécutions, des guerres civiles, des guerres religieuses, du fanatisme, de la stupidité de la foule tuant pour le service d'une idée qu'elle ne comprend pas, et en l'honneur d'un contre-sens. Il n'a pas dit : « Aimez-vous les uns les autres » ; mais il a répété toute sa vie, avec une véritable angoisse et une vraie pitié : « Supportez-vous les uns les autres. » (Faguet, XVIIIe siècle, p. 24 et 25).

Bayle ne demandait pas beaucoup en réclamant

pour la pensée la tolérance, c'est-à-dire, selon l'excellente définition de M. Rougerie « une indulgente condescendance pour ce qu'on ne peut empêcher. »

Plus tard, la liberté de conscience proclamée par la Constituante ira bien au delà de l'idée de tolérance, car celui qui *tolère* a l'air de se placer au-dessus de celui dont les opinions sont *tolérées*. Or, la liberté de conscience étant un droit naturel de l'homme, chacun doit, non *tolérer* ou autoriser les croyances de son voisin, mais les *respecter*.

Soyons donc reconnaissants à Bayle d'avoir le premier nettement dégagé cette idée de tolérance, qui donne à l'homme la joie suprême de sentir le même idéal, auquel il s'est élevé dans la solitude de son intelligence, animer d'autres hommes, et devenir entre eux et lui le principe de l'amour profond et impérissable. Grâce à Bayle, la tolérance, en luttant contre toute organisation temporelle qui veut établir dans le domaine de la conscience libre une discipline et une hiérarchie, ne va pas à la rencontre d'êtres vivants pour les combattre, elle va au secours d'esprits qui vont s'éteindre, pour les défendre du suicide, pour les rappeler à la vie.

VI. — La morale de Bayle.

On ne trouve pas, chez Bayle, une exposition d'ensemble, claire et serrée, de la doctrine philosophique de la raison morale. Il faut la reconstituer par des rapprochements de textes dispersés, noyés dans les vastes digressions d'un érudit polémiste. Elle n'apparaît pas moins cohérente et significative.

Nous avons vu que la critique du libre examen et de la foi aboutit chez Bayle en dernière analyse au jugement de la vérité religieuse selon les seules lois de la conscience. « Tout dogme qui n'est point homologué, pour ainsi dire, vérifié et enregistré au Parlement suprême de la raison et de la lumière naturelle, ne peut qu'être d'une autorité chancelante et fragile comme le verre. » (*Comment. phil.* Œuv. div., II, p. 368). Ce qui équivaut à dire : « Je ne juge et je n'agis qu'à la lumière de la seule raison, et je ne cherche pas dans les livres saints la règle de mon jugement. » Il n'y a pour lui absolument aucune liaison entre les croyances religieuses et la conduite. « Quand on compare les mœurs d'un homme qui a une religion avec l'idée générale que l'on se forme des mœurs de cet homme, on est tout surpris de ne trouver aucune conformité entre ces deux choses. L'idée générale veut qu'un homme qui croit un Dieu, un paradis et un enfer, fasse tout ce qu'il connaît être agréable à Dieu, et ne fasse rien de ce qu'il sait lui être désagréable. Mais la vie de cet homme nous montre qu'il fait tout le contraire. Voulez-vous savoir la cause de cette incongruité? La voici : c'est que l'homme ne se détermine pas à une certaine action plutôt qu'à une autre par les connaissances générales de ce qu'il doit faire, mais par le jugement particulier qu'il porte de chaque chose, lorsqu'il est sur le point d'agir,..... jugement qui s'accorde presque toujours à la passion dominante du cœur, à la pente du tempérament, à la force des habitudes contractées et au goût et à la sensibilité que l'on a pour certains objets. » (*Pensées sur la Comète*. Œuvres div., III, p. 87). C'est ce qui explique que malgré la diversité des opinions et des croyances, l'ambition, l'avarice, l'envie, l'impudicité, en un mot tous les vices soient de tous les temps et de tous les pays; car, selon Bayle, l'homme est « incomparablement plus porté au mal qu'au bien. »

C'est alors qu'intervient la *raison*. Tout le chapitre 178 des *Pensées sur la Comète* est consacré à établir qu'il peut y avoir, hors de tous principes religieux, non seulement de « bonnes mœurs » mais une vertu assise sur des principes de raison : « La Raison a dicté aux anciens sages qu'il fallait faire le bien pour l'amour du bien même, et que la vertu se devait tenir à elle-même lieu de récompense, et qu'il n'appartenait qu'à un méchant homme de s'abstenir du mal par la crainte du châtiment. » Et il le prouve par des exemples : il montre par l'exemple de Lucrèce (*Ibidem*, chap. 180) que « la Religion n'était pas la cause des idées d'honnêteté qui étaient parmi les anciens. » Il cite les Epicuriens, auxquels on a vu faire « plusieurs actions louables et honnêtes, dont ils se pouvaient dispenser sans craindre aucune punition, et dans lesquelles ils sacrifiaient l'utilité et la volupté à la vertu. » La raison est donc la source d'une véritable morale indépendante. Morale et religion sont deux choses absolument distinctes : la morale ne saurait s'embarrasser ni des *observances* de la religion, qui, étant extérieures, ne signifient rien — ni des *dogmes*, qui sont contraires aux principes rationnels, — ni de la *tradition*, qui est essentiellement mouvante, sans cesse altérée et corrompue: « On ne sait pas encore ce qu'il faut croire, ni de la Conception Immaculée de la Sainte Vierge, ni de son Assomption dans le ciel..... »

« Il est donc vrai, ajoute Bayle, que la Raison a trouvé sans le secours de la Religion, l'idée de cette piété que les Pères ont tant vantée, qui fait que l'on aime Dieu, et que l'on obéit à ses lois, uniquement à cause de son infinie perfection ; cela me fait croire que la Raison, sans la connaissance de Dieu, peut quelquefois persuader à l'homme qu'il y a des choses honnêtes qu'il est beau et louable de faire, non pas à cause de l'utilité qui en revient, mais *parce que cela est conforme à la raison.* » (*Pensées sur la Comète*, t. III, p. 114). Et il définit cette raison « une certaine faculté de l'âme qui juge des choses par des principes généraux et par des idées universelles d'honnêteté, de justice, de perfection. »

Nous ne voyons pas qu'une telle conception ait de quoi indigner M. l'évêque de Pamiers : Bayle ne fait en somme que proclamer l'éternelle suprématie de l'antique sagesse de Socrate et d'Epicure, source de vraie piété et de toutes les vertus. Cette raison, pure et efficace, qui doit, selon lui, présider à nos actes, n'est pas autre chose que la *conscience*. Tout dogme, quel qu'il soit, lui est forcément inférieur. Il y a dans Bayle telle page où l'on croirait entendre parler Kant, subordonnant métaphysique et religion à la Raison pratique. Qu'on nous permette de citer un long passage du début du *Commentaire philosophique* (Œuv. div., t. II, p. 368-369) : « S'il peut y avoir certaines limites à l'égard des vérités spéculatives, je ne pense pas qu'il en doive avoir aucune à l'égard des principes pratiques et généraux qui se rapportent aux mœurs. Je veux dire que, sans exception, il faut soumettre toutes les lois morales à cette idée naturelle d'équité, qui, aussi bien que la lumière métaphysique, *illumine tout homme venant au monde*. Mais, comme les passions et les préjugés n'obscurcissent que trop souvent les idées de l'équité naturelle, je voudrais qu'un homme qui a dessein de les bien connaître les considérât en général, et en faisant abstraction de son intérêt particulier, et des coutumes de sa patrie. Car il peut arriver qu'une passion fine et tout ensemble bien enracinée, persuadera à un homme qu'une action qu'il envisage comme très utile et très agréable pour lui, est conforme à la Raison : il peut arriver que la force de la coutume, et le tour que l'on a donné à l'âme en l'instruisant dans l'enfance, feront trouver de l'honnêteté où il n'y en a pas. Pour donc se défaire de ces deux obstacles, je voudrais qu'un homme, qui veut connaître distinctement la lumière naturelle par rapport à la Morale, s'élevât au-dessus de son intérêt personnel et de la coutume de son pays, et se demandât en général : « *Une telle chose est-elle juste, et s'il s'agissait de l'introduire dans un pays où elle ne serait pas en usage, et où il serait libre de la prendre ou de ne la prendre pas, verrait-on, en l'examinant froidement, qu'elle est assez juste pour mériter d'être adoptée ?* » On ne peut s'empêcher de songer, en lisant ces lignes au fameux précepte de Kant : « Agis de telle sorte que la maxime de ton action puisse être érigée en loi universelle. »

Ainsi, tout « *impératif* » de la conscience a une valeur absolue, une valeur morale qui subsiste lors même que ce commandement serait lié à une croyance doctrinale contraire à la vérité. Ce que ma conscience m'ordonne de croire, je puis le croire sans péché ; je pécherais si je refusais de le croire, fût-ce une erreur. La valeur morale de la conscience peut rester entière, la vérité faisant défaut. On voit tout ce qu'il y a de hardi, si on se reporte à l'orthodoxie du temps, dans un pareil rationalisme moral. Pour Bayle, la conscience n'erre jamais dans l'essentiel : si elle se trompe au point de vue du dogme, elle ne se trompe pas au point de vue du devoir. Le devoir n'est plus dans la conformité d'une action avec une norme absolue du bien ou un ordre divin : il est dans l'obéissance à l'ordre de la voix intérieure.

Ainsi, chose étonnante, et que M. Delvolvé est, je crois, le premier à avoir signalée, Bayle nous offre le curieux spectacle d'un philosophe placé au cœur même des disputes sur la religion, la morale et la politique que raviva la Révocation de l'Edit de Nantes, et parlant déjà un langage presque Kantien.

Le premier il opère la séparation radicale de la théorie et de la pratique, séparation d'où résulte l'indépendance et la valeur absolue de la conscience morale. Il accomplit une véritable laïcisation de la pensée religieuse. L'œuvre de Bayle marque une étape importante dans cette élaboration de la morale de la volonté autonome commencée par la Réforme, et qui, partie du libre examen, aboutit à la souveraineté de la conscience. Désormais nous verrons la raison pratique émerger lentement des profondeurs théologiques de la foi.

M. l'évêque de Pamiers écrit, page 22 : « La conception de Bayle est fort vieille et n'a eu jusqu'à présent aucun succès. » Il nous semble au contraire qu'une conception qui devait être reprise par Kant n'était point précisément caduque, et elle a eu tellement de succès, que tout le dix-neuvième siècle en a été comme enveloppé et imprégné.

M. l'évêque de Pamiers reconnait lui-même quelques lignes plus loin que c'est cette morale laïque qui a triomphé de la morale religieuse, puisque, depuis l'avènement de la morale laïque « il n'y a plus de morale ». « Les crimes des jeunes hommes et des enfants se multiplient de manière à déconcerter les juges, et à inquiéter ceux qui ont souci de la sécurité, de l'honneur et de l'avenir du pays » (p. 23). En voilà un argument qui n'est rien moins que démontré, et qu'on peut à bon droit qualifier de « vieille guitare ! »

Il me semble que nous pouvons être tranquilles pour notre pays aussi bien que pour la race humaine, tant que nous verrons autour de nous des hommes de la haute valeur morale d'un Bayle, d'un Renouvier ou d'un Tolstoï.

VII. — Influence de Bayle.

De tous les écrivains du dix-septième siècle, Bayle est certainement celui qui a eu le plus d'influence sur les écrivains du siècle suivant. D'après tout ce que nous avons dit de lui, il est facile de se rendre compte que tout le dix-huitième siècle, avec son inquiétude d'esprit, son besoin de critique, sa curiosité ardente, est déjà en germe dans ses ouvrages. Bayle ouvre dignement cette magnifique période de libre discussion et de combat qui aboutira, en passant par Montesquieu, l'Encyclopédie, Voltaire et Rousseau, au fécond bouleversement de la Révolution. C'est chez Bayle que le dix-huitième siècle apprendra à lire, à raisonner, à penser.

Bayle a connu avant Diderot et Voltaire les grands succès de renommée bruyante, grossis par le scandale et les rigueurs de l'autorité. *Les Pensées sur la Comète* ont eu le très grand honneur d'être arrêtées par la police ; la *Critique de l'Histoire du Calvinisme* a été brûlée en place de Grève par la main du bourreau ; nous avons vu aussi que le *Dictionnaire* avait été frappé d'interdit. Rien n'est plus curieux, — rien n'est plus triste aussi, à un autre point de vue —, que de lire dans les *Œuvres complètes* le texte des *Ordonnances* signées de M. de la Reynie, lieutenant de police, et où de très gros mots sont prononcés contre ce sage, le plus doux et le plus pacifique des hommes.

Retranché dans son cabinet de Rotterdam, derrière ses livres, Bayle pendant plus de vingt ans dresse ses batteries, en plein règne de Louis XIV, tandis que les Pascal et les Bossuet, les Malebranche, les Arnauld, les Leibniz, les Fénelon, occupent le devant de la scène. Cet ami de la paix met le feu aux quatre coins de l'Europe; il s'attire des querelles de tous côtés, à Paris, à Londres, à Berlin; lorsqu'il ne peut discuter avec les vivants, il discute avec les morts; il fait parler Saint-Augustin, les sociniens, Libanius, Grégoire de Nazianze, Cicéron, Sénèque; il passe au crible de son impitoyable critique tous les livres, tous les systèmes, anciens ou modernes, catholiques ou protestants, français ou étrangers. C'est l'activité personnifiée. Sous ce rapport, je ne vois que Diderot qui puisse lui être comparé; encore Diderot n'avait-il ni sa profonde érudition ni sa noblesse de caractère. Mais il reste vrai que Bayle et Diderot sont nos deux premiers grands journalistes : ils ont tous deux cette humeur combative et cosmopolite, cette soif du document et du fait nouveau, qui favorisent la diffusion des idées. Bayle a partout des correspondants, amis ou adversaires, en Angleterre, en Allemagne, en France, en Suisse, en Hollande. Ses livres s'impriment à Londres, à Genève, à La Haye, à Rotterdam. Les consistoires et les académies, en s'acharnant contre eux, ne font que favoriser leur publication et attester la toute-puissance, la royauté souveraine du publiciste et du philosophe. Chaque ouvrage de Bayle soulève une nuée de pamphlets, de réfutations, d'apologies. Ses livres s'infiltrent partout, dans les bibliothèques, les écoles, les salons. Le succès en est prodigieux. M. Brunetière fait très justement remarquer qu'en vingt ans, de 1682 à 1704, il y a eu 4 éditions des *Pensées sur la Comète*, ce qui est énorme si l'on songe que, dans le même laps de temps (1681-1703), *le Discours sur l'Histoire universelle* de Bossuet n'a été réimprimé que deux fois.

La Fontaine lisait Bayle avec beaucoup de plaisir et particulièrement les *Nouvelles de la République des Lettres*. On trouve son opinion à la fin d'une lettre à M. Simon de Troyes, dans laquelle il décrit à cet ami un dîner et la conversation qu'on y tint en février 1686 :

> Aux journaux de Hollande il nous fallut passer ;
> Je ne sais plus sur quoi ; mais on leur fit critique.
> Bayle est, dit-on, fort vif ; et s'il peut embrasser
> L'occasion d'un trait piquant et satirique,
> Il la saisit, Dieu sait, en homme adroit et fin :
> Il trancherait sur tout, comme enfant de Calvin,
> S'il osait ; car il a le goût avec l'étude.
> Le Clerc pour la Satire a bien moins d'habitude ;
> . . . .
> Il est savant, exact, il voit clair aux ouvrages ;
> Bayle aussi. Je fais cas de l'une et l'autre main :
> Tous deux ont un bon style et le langage sain.
> Le jugement en gros sur ces deux personnages,
> Et ce fut de moi qu'il partit,
> C'est que l'un cherche à plaire aux sages,
> L'autre veut plaire aux gens d'esprit.

Le *Dictionnaire philosophique* eut un succès absolument inouï : *onze éditions* et *deux traductions anglaises* en furent données de 1697 à 1741. Il est curieux d'avoir l'avis de Boileau sur cet ouvrage qui fut la Bible du dix-huitième siècle, la moelle et la substance des « philosophes ». Le célèbre avocat Mathieu Marais écrit à Bayle, son ami, en mai 1698 : « M. Despréaux me pria de lui prêter votre livre, et, après en avoir lu une partie, il m'en parla avec une admiration qu'il n'accorde que très rarement, et il a toujours dit que vous étiez « marqué au bon coin », et de cette marque il n'en connait peut-être pas une douzaine dans le monde. La vivacité de vos expressions, l'étendue de vos connaissances, jointe à une netteté qu'il dit n'avoir jamais vue ailleurs, le charmèrent. »

La première édition du *Dictionnaire* à Rotterdam (1697) n'était pas achevée d'imprimer que le libraire en avait vendu tous les exemplaires : il dut augmenter le tirage des feuilles non encore imprimées, et réimprimer en toute hâte ce qui était épuisé. En France, la réaction contre Louis XIV, sous la Régence, valut au *Dictionnaire* une vogue extraordinaire. Lorsque le Danois Holberg vint à Paris, où il séjourna pendant une partie des années 1715-1716, il put noter, comme un fait mémorable, qu'à la Bibliothèque Mazarine, la première en date de nos bibliothèques publiques, (et qui, chose piquante, était sous l'administration et la direction de la maison de Sorbonne) les étudiants arrivaient avant l'ouverture des portes pour prendre le *Dictionnaire*. C'est ce qu'il exprime joliment dans son pittoresque latin : « *Ante valvas bibliothecae matutini stabant studiosi adventum bibliothecarii expectantes, certatimque irruebant quasi praemium primo intranti statutum esset. Nam* BAYLII LEXICON, *cujus avidi lectores erant, cedebat primo occupanti, hinc lucta, deinde cursus, librique istius compos factus est ille, qui in limine januae valentior, in stadio vero pernicitate pedum praestantior erat.* »

Saint-Evremond n'était pas moins satisfait de Bayle que Boileau ou La Fontaine :

> Je trouve Bayle admirable
> Qui, profond autant qu'agréable,
> Me met en état de choisir
> L'instruction, ou le plaisir.

(*Œuvres*, éd. de 1725, t. V, p. 377.)

M. l'évêque de Pamiers, citant Brunetière, reproche à Bayle les lacunes de son *Dictionnaire*. Mais il faut ne jamais avoir ouvert cet ouvrage pour critiquer Bayle sur ces lacunes. Jamais Bayle n'a voulu faire un Dictionnaire complet ; il n'avait que l'intention de faire un Dictionnaire rectificatif, un Dictionnaire des fautes des autres Dictionnaires, principalement de celui de Moréri, et il a toujours poursuivi ce projet tout en l'agrandissant. La Préface de la première édition est très nette là-dessus : « Je me fis d'abord une loi de ne rien dire de ce qui se trouve déjà dans les autres Dictionnaires, ou d'éviter, pour le moins le plus qu'il serait possible, la répétition des faits qu'ils ont rapportés ». Et un peu plus loin : « Le désir de garder la proportion entre les lettres de l'alphabet a été cause que j'ai renvoyé quelques articles d'une lettre à l'autre... Je souhaite que mes lecteurs songent à ceci lorsqu'ils auront quelque étonnement de ne voir pas certaines personnes dans cet ouvrage. » Ainsi Bayle lui-même s'est chargé de répondre d'avance aux critiques de M. Rougerie. Bayle déclare dans cette même Préface : « Que dix mille personnes très ignorantes vous entendent dire en chaire, que la mère de Coriolan obtint de lui ce que *ni le sacre Collège des Cardinaux, ni le Pape même, qui étaient allés au-devant de lui, n'avaient jamais pu obtenir*, vous leur donnerez la même idée du pouvoir de la Sainte Vierge, que si vous n'avanciez pas une bévue. » C'est précisément à des énormités de ce genre que Bayle a déclaré la guerre, et c'est pour combattre toutes les erreurs consacrées par la sacro-sainte tradition, qu'il a entassé et réuni dans un vaste ouvrage les résultats de son érudition encyclopédique.

Les philosophes n'ont plus qu'à venir : ils trouveront dans cet arsenal tous les éléments de la dispute, des arguments tout préparés, une dialectique rapide et aggressive, un choix de textes et de citations habilement rassemblés. Les insultes n'ont pas manqué à l'auteur du *Dictionnaire*. Dans un accès d'indignation, Louis Racine l'appelle « *un homme affreux*. »

Les écrivains religieux, avec la douceur toute évangélique qui les caractérise, ont qualifié le *Dictionnaire d'négout de recueils*, de *rhapsodie de copiste*, de *porte-faix des grands hommes.* » Ils haïssent surtout en lui cet «*esprit particulier*», cette indépendance hardie, cette impartialité, ce mépris des idées jusqu'alors reçues, qui confond dans la même indifférence Mahomet, Luther et Loyola; ils haïssent cet individualisme qui s'affranchit si nettement des antipathies et des respects obligés, et qui, au siècle suivant, discutera les origines des cultes, des sociétés, des gouvernements, par la bouche de Montesquieu, de Voltaire et de Rousseau.

C'est parce que Bayle est passé là, que Montesquieu tirera désormais « de la nature des choses » les principes et les lois que Bossuet dégageait « des propres paroles de l'Ecriture ».

C'est parce que Bayle est passé là, que les Encyclopédistes ont entrevu la possibilité d'extirper des esprits les susperstitions catholiques; ils lui doivent cette tactique qui consiste à éparpiller les idées, pour dissimuler leur hardiesse aux esprits superficiels, et grâce à laquelle ils ont pu, sans avoir l'air de songer à mal, propager les idées les plus révolutionnaires en plein régime monarchique.

C'est parce que Bayle est passé là, que Voltaire a pu exercer sa royauté intellectuelle et morale; il n'a eu qu'à s'installer dans la place que le philosophe de Rotterdam lui avait préparée ; l'influence de

Bayle sur Voltaire est constante : ce sont les idées de Bayle que Voltaire a trouvées en Angleterre chez Collins ou Toland, et il n'a fait que les « rapatrier ». C'est Bayle qui lui a enseigné à tenir compte en histoire des petites causes, « de la maitresse du prince Eugène ou du verre d'eau de la duchesse de Marlborough »; c'est à l'école de Bayle, que Voltaire a appris à se défier des textes, à les soumettre à une critique sévère, à faire en un mot pour son compte cette besogne de « bénédictin » si nécessaire au philosophe et à l'historien; c'est en partie à Bayle qu'il doit cet esprit de raillerie irrévérencieuse appliqué à la métaphysique et aux religions, qui a fait de lui un de nos écrivains les plus alertes et les plus spirituels. Sans Bayle, Voltaire eût été impossible.

L'*Encyclopédie* de Diderot et le *Dictionnaire philosophique* de Voltaire, (c'est-à-dire en somme les deux œuvres qui symbolisent le mieux le dix-huitième siècle militant) ne sont, déclare M. Faguet, « que des éditions revues, corrigées et peu augmentées du *Dictionnaire* de Bayle; dans ce dictionnaire est l'arsenal de tout le philosophisme, et le magasin d'idées de tous les penseurs, depuis Fontenelle jusqu'à Volney. » (XVIIIe siècle, p. 6.)

On peut même dire que Bayle a souvent été plus hardi qu'aucun des philosophes qui sont venus après lui. Tous n'ont pas osé le suivre jusqu'au bout. Voltaire lui-même n'a pas eu le courage de se passer de son fameux « *Dieu rémunérateur et vengeur* » sorte de « directeur de la sûreté générale », selon le mot spirituel de M. Faguet, et que Bayle « n'hésite pas à reléguer loin du monde, *extra flammantia mœnia mundi*, dans les profondeurs hypothétiques de l'espace. » (Brunetière.) Rousseau, lui aussi, ne concevra pas les mœurs sans l'étai de la religion. Ainsi, Bayle, promoteur d'une grande révolution philosophique et sociale, et mort sans l'avoir entrevue, est souvent plus audacieux qu'aucun de ceux qu'il a conduits à l'assaut contre les puissances du passé. Il les devance et parle souvent en homme du vingtième siècle. « Il n'est pas une idée agitée de notre temps, déclare M. Lenient (p. 228), qui ne se trouve déjà dans Bayle... Tout ce que la religion, la philosophie, l'histoire, la littérature, la politique, peuvent embrasser, a été touché par ce singulier génie. »

La liberté de conscience, la tolérance, la séparation de la société civile et de la société religieuse, le divorce de la théologie et de la philosophie, l'avènement des méthodes critiques, en un mot toutes les grandes conquêtes politiques, religieuses, scientifiques, que nos pères ont accomplies ou que nous travaillons à accomplir, sont la consécration et le résultat de l'œuvre immense de Bayle.

Je ne puis mieux faire, en terminant, que de rapporter un passage où Voltaire, sentant tout ce qu'il doit à son illustre prédécesseur, exprime avec enthousiasme son admiration: « M. Newton, dit-il, a été aussi vertueux qu'il a été grand philosophe; tels sont pour la plupart ceux qui sont bien pénétrés de l'amour des sciences, qui n'en font point un indigne métier, et qui ne les font point servir aux misérables fureurs de l'esprit de parti. Tel a été le docteur Clarke; tel était le fameux archevêque Tillotson; tel était le grand Galilée; tel notre Descartes; *tel a été Bayle*, cet esprit si étendu, si sage et si pénétrant, dont les livres, tout diffus qu'ils peuvent être, seront à jamais la *bibliothèque des nations*. Ses mœurs n'étaient pas moins respectables que son génie. Le désintéressement et l'amour de la paix comme de la vérité étaient son caractère; *c'était une âme divine* ».

Voilà ce que Voltaire écrivait en 1735 à un *Père Jésuite*, le Père Tournemine, son ancien professeur, et l'histoire ne nous apprend pas que le P. Tournemine se soit scandalisé d'un aussi bel éloge. M. l'évêque de Pamiers est plus facilement irritable...

L'heure est enfin venue pour Bayle de la réparation. « Héroïque soldat de la libre-pensée, tu attends encore une inscription digne de toi sur la pierre qui recouvre tes os! La postérité, ce refuge des exilés, n'est point venue pour toi, ni la gloire, cette justice tardive, cette lumière qui luit sur les tombeaux. Les érudits, race ingrate, profitent trop de tes écrits pour proclamer ton génie! »

Cet éloquent appel, lancé par Lanfrey en 1855, a mis un demi-siècle à être entendu. Grâce à l'énergique et persévérante impulsion de M. Albert Tournier, Bayle aura enfin sa statue. « La mémoire de ce docte et profond précurseur mérite d'être célébrée aujourd'hui, où nous relevons avec tant de piété filiale le souvenir de ceux qui ont lutté avant nous et dans des conditions bien plus dangereuses. »

Ainsi s'exprime M. Marcellin Berthelot, l'illustre savant qui préside le comité chargé d'élever un monument à Pierre Bayle. Les républicains ariégeois sauront se montrer fiers de leur ancêtre : il faut que le monument de Bayle s'élève sur le Castella, sur ce magnifique plateau d'où l'on découvre au loin les pics neigeux des Pyrénées et ces rudes contreforts, derniers asiles des martyrs du « libre esprit », cathares ou religionnaires, toutes ces terres âprement conquises sur les rochers, et qui ont nourri de robustes générations d'hommes au cœur ardent et à l'âme fière.

Il faut que cette manifestation, pour être vraiment digne du philosophe paisible que fut Bayle, ait un caractère d'union et de fraternité; qu'elle groupe dans un même sentiment de justice et de gratitude envers l'un des plus puissants ouvriers de l'émancipation de la raison, tous ceux qui rêvent l'affranchissement définitif de la pensée, tous ceux qui ont foi en un avenir prochain de concorde et d'amour.

24 mars 1905. A. Cazes.

DEUXIÈME PARTIE

L'ŒUVRE DE BAYLE

AVERTISSEMENT

Il est difficile de faire des extraits des œuvres de Bayle, et de les classer en séries sous des rubriques nettement distinctes. Cet écrivain véritablement encyclopédique, amoureux des digressions et des longs développements, trouve le moyen de parler de tout à la fois. Tel chapitre qui débute par la discussion d'un point de morale se poursuit sous la forme d'une controverse théologique et s'achève par un débat politique ou même par une simple anecdote récréative. Il est donc assez malaisé de détacher de ses immenses in-folio les articles les plus saillants et de les grouper dans un ordre déterminé.

C'est cependant ce que j'ai essayé de faire, en suivant à peu près le plan que j'ai adopté pour mon étude sur Bayle, et qui correspond au développement chronologique de sa pensée sous l'influence des événements, tels que la Révocation de l'Edit de Nantes ou les attaques de Jurieu. J'ai d'abord réuni dans une première série les principaux chapitres des *Pensées sur la Comète*, la première en date des grandes œuvres de Bayle, et pour laquelle il a toujours eu une affection particulière : on y retrouve tout le fécond scepticisme du philosophe, toute sa curiosité affamée, toute sa pénétrante sagacité. Bayle essaie de déraciner des esprits l'idée de la Providence et nie l'intervention de Dieu dans les affaires humaines. Il se demande « si une religion est absolument nécessaire pour conserver les sociétés », et il trouve que non.

Il prétend donc séparer la morale de la religion. C'est ce qui m'a conduit à placer dans une seconde série tout ce qui a trait à la religion, au formalisme du culte, à l'absurdité des dogmes, à la variabilité de la tradition.

De cet exposé, la morale générale sort émancipée : il s'ensuit que ni la religion ni la philosophie ne sauraient être affaires d'Etat, et que le monarque n'a pas le droit de persécuter « celui qui a une opinion. » D'où, apologie de la tolérance et revendication des droits de la conscience errante : voilà la matière de la troisième série de mes extraits.

Enfin, pour donner une idée de tous les aspects du génie de Bayle, j'ai réuni plusieurs passages plus spécialement littéraires ou historiques, qui feront connaître Bayle critique littéraire et « nouvelliste. »

Dans une cinquième et dernière série, j'ai donné quelques lettres de Bayle à sa famille et à ses amis.

Les éditions de Bayle étant très inégales, je dois prévenir le lecteur que j'ai fait ces extraits d'après l'édition la plus communément répandue dans les bibliothèques, et dont voici la référence exacte :

1° « *Œuvres diverses de M. Pierre Bayle*, professeur en philosophie et en histoire à Rotterdam, contenant tout ce que cet auteur a publié sur des matières de théologie, de philosophie, de critique, d'histoire, et de littérature; excepté son *Dictionnaire historique et critique*. — A la Haye, par la Compagnie des libraires. » 1737, avec privilège — 4 gros volumes.

2° « *Dictionnaire historique et critique*, par M. Pierre Bayle; 5e édition, revue, corrigée et augmentée, avec la vie de l'auteur, par M. des Maizeaux. — A Bâle, chez Jean-Louis Brandmuller, avec privilège de sa Majesté Impériale et Catholique. » 1738, 4 volumes.

C'est le texte généralement suivi par l'abbé de Marsy, qui a donné en 1755, à Londres, une *Analyse raisonnée des œuvres de M. Bayle*, en 4 volumes in-12 ; ces extraits furent continués et réimprimés en Hollande par Robinet. C'est l'édition de Bayle la plus facile à manier, en raison de son petit format. J'y ai renvoyé le lecteur pour quelques passages dont le texte est noyé dans les notes de la grande édition.

Partout ailleurs, je donne, pour le *Dictionnaire*, le texte de 1738; pour les autres œuvres, y compris les *Lettres*, le texte de 1737.

A. C.

I

LE SCEPTICISME DE BAYLE

(Pensées sur la Comète)

L'Idolâtrie rend les hommes plus difficiles à convertir que l'athéisme.

Rien n'indispose davantage les hommes à se convertir à la vraie religion, que l'idolâtrie. Car, quoiqu'il y ait des exemples qui font voir que les idolâtres et les superstitieux s'étant une fois convertis, ont plus de zèle pour la bonne cause, que ceux qui se convertissent après avoir été tièdes dans leur fausse religion, il est pourtant vrai, généralement parlant, que le zèle d'un idolâtre est une disposition de cœur beaucoup plus pernicieuse que l'indifférence, parce que, généralement parlant, un homme rempli de bigoterie et entêté de ses faux principes, se rend avec plus de peine à la vérité, qu'un homme qui ne fait que ce qu'il croit. Et sur ce pied-là, il semble qu'il vaudrait mieux être athée, que plongé dans les abominables idolâtries des Gentils, parce qu'il y a beaucoup d'apparence que les Prédicateurs de l'Evangile expliquant nos mystères, et les appuyant de beaucoup de miracles éclatants, ouvriraient plutôt les yeux à des personnes qui n'auraient pas encore pris leur parti, je veux dire, qui seraient sans religion, qu'à des gens infatués de l'antiquité de leurs cérémonies, et enracinés dans la foi et dans le culte de leurs idoles.

Le bon sens veut cela, et l'expérience le confirme.

Parlez à un cartésien, ou à un péripatéticien, d'une proposition qui ne s'accorde pas avec les principes dont il est préoccupé, vous trouvez qu'il songe bien moins à pénétrer ce que vous lui dites qu'à imaginer des raisons pour le combattre. Parlez-en à un homme qui ne soit d'aucune secte, vous le trouvez docile, et prêt à se rendre sans chicaner. On éprouve à peu près la même chose quand on attaque un hérétique bigot, ou un de ceux qui, au dire du cardinal Pallavicin, sont plutôt non catholiques qu'hérétiques, *magis extra vitia, quam cum virtute*. On sait de plus, qu'en bonne philosophie, il est bien plus malaisé d'introduire quelque habitude dans une âme, qui a déjà contracté l'habitude contraire, que dans une âme qui est encore toute nue. Il est plus difficile, par exemple, de rendre libéral un homme qui a été avare toute sa vie, qu'un jeune enfant qui n'est encore ni libéral, ni avare ; tout de même qu'il est plus aisé de plier d'un certain sens un corps qui n'a jamais été plié, qu'un autre qui a été plié d'un sens contraire. Il est donc très raisonnable de penser, que les Apôtres eussent converti plus de gens à Jésus-Christ, s'ils l'eussent prêché à des peuples sans religion, qu'ils n'en ont converti, annonçant l'Evangile à des nations engagées par un zèle aveugle et entêté, aux cultes superstitieux du paganisme, et il n'y a rien de plus vrai que les persécutions horribles qu'on a fait souffrir aux premiers chrétiens, partaient d'un principe de bigoterie idolâtre ; car comme c'étaient les meilleurs sujets du monde qui prêchaient continuellement l'obéissance due aux magistrats, et qui n'ont jamais fait paraître la moindre envie de repousser la force par la force, il n'y avait aucune maxime d'Etat qui dût porter les empereurs à les faire maltraiter, ni les gouverneurs de province à exécuter les ordres de leur maître, avec plus de rage qu'on ne leur en demandait.

C'était donc uniquement à cause que les chrétiens en voulaient à tous les faux dieux du paganisme, qu'on leur suscitait des persécutions ; c'était le faux zèle de l'idolâtrie qui animait les empereurs contre la croix du fils de Dieu, ou plutôt qui portait ceux qui avaient l'oreille du prince à lui inspirer les sentiments de haine contre les chrétiens, que d'autres leur avaient inspirés à eux-mêmes. Si personne ne se fût trouvé dans les pernicieuses préoccupations de l'erreur, on eût laissé croître l'Eglise chrétienne sans lui donner de l'empêchement. De sorte qu'on peut dire, que si Dieu avait formé miraculeusement des comètes de temps en temps, il eût fait de temps en temps des miracles pour préparer les hommes à rejeter la croix de son Fils, et pour les aheurter par leur attachement à l'idolâtrie, qui se fortifiait à la vue des comètes, à combattre la véritable religion.

Pensées sur la Comète, ch. CXIX.
(Œuvres div., t. III, p. 77 et 78.)

La disposition du cœur des athées comparée avec celle des idolâtres.

Si l'on regarde les athées dans la disposition de leur cœur, on trouve que n'étant retenus ni par la crainte d'aucun châtiment divin, ni animés par l'espérance d'aucune bénédiction céleste, ils doivent s'abandonner à tout ce qui flatte leurs passions. C'est tout ce que nous en pouvons dire, n'ayant point les annales d'aucune nation athée.

Si nous en avions, on saurait jusqu'à quel excès de crimes se portent les peuples qui ne reconnaissent aucune divinité, s'ils vont beaucoup plus loin que ceux qui en ont reconnu un nombre innombrable.

Je crois qu'en attendant une relation bien fidèle des mœurs, des lois et des coutumes de ces peuples que l'on dit qui ne professent aucune religion, on peut assurer que les idolâtres ont fait en matière de crimes tout ce qu'auraient su faire les athées. On n'a qu'à lire le dénombrement qui a été fait par saint Paul de tous les désordres où les païens se sont jetés, et on comprendra que les athées les plus opiniâtres n'eussent pu enchérir par-dessus. Et si on lit les histoires profanes, et les autres monuments qui nous restent de l'antiquité, on verra évidemment que tout ce que la plus brutale et la plus dénaturée paillardise, la plus effrénée ambition, la haine et l'envie la plus noire, l'avarice la plus insatiable, la cruauté la plus féroce, la perfidie la plus étrange peuvent faire exécuter à un athée profès, a été effectivement exécuté par les anciens païens, adorateurs de presque autant de divinités qu'il y avait de créatures.

Pensées sur la Comète, ch. CXXIX.
(Œuvres div., t. III, p. 83.)

Quel est l'effet de la connaissance d'un Dieu parmi les nations idolâtres.

... Disons donc que quand on n'est pas véritablement converti à Dieu, et qu'on n'a pas le cœur sanctifié par la grâce du Saint-Esprit, la connaissance d'un Dieu et d'une Providence est une trop faible barrière pour retenir les passions de l'homme, et qu'ainsi elles s'échappent aussi licencieusement qu'elles feraient sans cette connaissance-là. Tout ce que cette connaissance peut produire ne va guère que jusqu'à des exercices extérieurs que l'on ne croit pouvoir réconcilier les hommes avec les dieux. Cela peut obliger à bâtir des temples, à sacrifier des victimes, à faire des prières ou à quelque chose de cette nature; mais non pas à renoncer à une amourette criminelle, à restituer un bien mal acquis, à mortifier la concupiscence.

De sorte que la concupiscence étant la source de tous les crimes, il est évident que puisqu'elle règne dans les idolâtres aussi bien que dans les athées, les idolâtres doivent être aussi capables de se porter à toutes sortes de crimes que les athées : et que les uns et les autres ne sauraient former des sociétés, si un frein plus fort que celui de la religion, savoir, les lois humaines, ne réprimait leur perversité.

Et cela fait voir le peu de fondement qu'il y a à dire que la connaissance vague et confuse d'une Providence est fort utile pour affaiblir la corruption de l'homme. Ce n'est pas de ce côté-là que se tournent ses usages : ils sont beaucoup plus physiques que moraux; je veux dire qu'ils tendent plutôt à affectionner les sujets à demeurer en un certain lieu et à le défendre s'il est attaqué, qu'à les rendre plus hommes de bien. On n'ignore pas l'impression que fait sur les esprits la pensée que l'on combat pour la conservation des temples et des autels et des dieux domestiques, *pro aris et focis;* combien on devient courageux et hardi quand on est préoccupé de l'espérance de vaincre par la protection de ses dieux, et que l'on est animé par l'aversion naturelle que l'on a pour les ennemis de sa créance.

Voilà proprement à quoi servent les fausses religions par rapport à la conservation des Etats et des républiques. Il n'y a que la véritable religion qui, outre cette utilité, apporte celle de convertir l'homme à Dieu, de la faire combattre contre ses passions, et de le rendre vertueux. Encore n'y réussit-elle pas à l'égard de tous ceux qui la professent.

Car le plus grand nombre demeure si engagé dans le vice, que si les lois humaines n'y mettaient ordre, toutes les sociétés des chrétiens seraient ruinées bientôt.

Et je suis sûr qu'à moins d'un miracle continuel, une ville comme Paris serait réduite dans quinze jours au plus triste état du monde, si l'on n'employait pas d'autre remède contre le vice que les remontrances des prédicateurs et des confesseurs. Dites après cela qu'une foi vague de l'existence d'un Dieu qui gouverne toutes choses, est d'une grande efficace pour mortifier le péché. Assurez-vous plutôt, Monsieur, que cette sorte de foi ne met les idolâtres au-dessus des athées, qu'à l'égard de l'affermissement de la République. Car, n'en déplaise à Cardan, une société d'athées, incapable qu'elle serait de se servir des motifs de religion pour se donner du courage, serait bien plus facile à dissiper qu'une société de gens qui servent des dieux : et quoiqu'il ait quelque raison de dire que la croyance de l'immortalité de l'âme a causé de grands désordres dans le monde par les guerres de religion qu'elle a excitées de tout temps, il est faux, même à ne regarder les choses que par des vues de politique, qu'elle ait apporté plus de mal que de bien, comme il le voudrait faire accroire.

Pensées sur la Comète, ch. CXXXI.
(Œuvres div., t. III, p. 84.)

L'athéisme ne conduit pas nécessairement à la corruption des mœurs.

La raison sur laquelle notre docteur insista le plus amplement fut celle-ci : que ce qui nous persuade que l'athéisme est le plus abominable état où l'on se puisse trouver, n'est qu'un faux préjugé que l'on se forme touchant les lumières de la conscience, que l'on s'imagine être la règle de nos actions, faute de bien examiner les véritables ressorts qui nous font agir. Car voici le raisonnement que l'on fait. L'homme est naturellement raisonnable, il n'aime jamais sans connaître, il se porte nécessairement à l'amour de son bonheur et à la haine de son malheur, et donne la préférence aux objets qui lui semblent les plus commodes. S'il est donc convaincu qu'il y a une Providence qui gouverne le monde, et à qui rien ne peut échapper, qui récompense d'un bonheur infini ceux qui aiment la vertu, qui punit d'un châtiment éternel ceux qui s'adonnent au vice, il ne manquera point de se porter à la vertu et de fuir le vice, et de renoncer aux voluptés corporelles, qu'il sait fort bien qui attirent des douleurs qui ne finiront jamais pour quelques moments de plaisir qui les accompagnent, au lieu que la privation de ces plaisirs passagers est suivie d'une éternelle félicité. Mais s'il ignore qu'il y ait une Providence, il regardera ses désirs comme sa dernière fin et comme la règle de toutes ses actions : il se moquera de ce que les autres appellent vertu et honnêteté et il ne suivra que les mouvements de sa convoitise; il se défera, s'il peut, de tous ceux qui lui déplairont; il fera de faux serments pour la moindre chose, et s'il se trouve dans un poste qui le mette au-dessus des lois humaines, aussi bien qu'il s'est déjà mis au-dessus des remords de la conscience, il n y a point de crime qu'on ne doive attendre de lui.

C'est un monstre infiniment plus dangereux que ces bêtes féroces, ces lions et ces taureaux enragés dont Hercule délivra la Grèce.

Un autre qui n'aurait rien à craindre de la part des hommes, pourrait être du moins retenu par la crainte de ses dieux. C'est par là qu'on a tenu de tout temps en bride les passions de l'homme; et il est sûr qu'on a prévenu quantité de crimes dans le paganisme par le soin qu'on avait de conserver la mémoire de toutes les punitions éclatantes des scélérats, et de les attribuer à leur impiété, et d'en supposer même quelques exemples, comme était celui qu'on débita du temps d'Auguste, à l'occasion d'un temple d'Asie pillé par les soldats de Marc-Antoine. On disait que celui qui avait mis le premier la main sur l'image de la déesse qui était adorée dans ce temple, avait perdu la vue subitement, et était devenu paralytique de toutes les parties de son corps. Auguste, voulant éclaircir le fait, apprit d'un vieil officier qui avait fait le coup, non seulement qu'il s'était toujours bien porté depuis ce temps-là, mais aussi que cette action l'avait mis à son aise pour toute sa vie. Tel était encore ce qu'on débitait de ceux qui avaient la témérité d'entrer, malgré la défense qui en était faite dans un temple d'Arcadie consacré à Jupiter, c'est que leur corps ne faisait plus d'ombre après cette action. Apparemment, l'histoire de la mort subite de cet envoyé des Latins qui avait parlé irrévéremment du Jupiter des Romains en plein Sénat, sur laquelle Tite-Live n'ose rien avancer de positif, à cause qu'il voyait que les auteurs étaient partagés là-dessus, est une semblable fraude pieuse. Ces sortes de choses vraies ou fausses, qui faisaient un très bon effet sur l'esprit d'un idolâtre, ne sont d'aucune vertu pour un athée. Si bien qu'étant inaccessible à toutes ces considérations, il doit être nécessairement le plus grand et le plus incorrigible scélerat de l'univers.

Pensées sur la Comète, ch. CXXXIII.
(Œuvres div., t. III, p. 86.)

Que l'homme n'agit pas selon ses principes.

Que l'homme soit une créature raisonnable tant qu'il vous plaira, il n'est pas moins vrai qu'il n'agit presque jamais conséquemment à ses principes. Il a bien la force dans les choses de spéculation, de ne point tirer de mauvaises conséquences, car dans cette sorte de matières il pèche beaucoup plus par la facilité qu'il a de recevoir de faux principes que par les fausses conclusions qu'il en infère. Mais c'est toute autre chose quand il est question de bonnes mœurs. Ne donnant presque jamais dans de faux principes, retenant presque toujours dans sa conscience les idées de l'équité naturelle, il conclut néanmoins presque toujours à l'avantage de ses désirs déréglés. D'où vient, je vous prie, qu'encore qu'il y ait parmi les hommes une prodigieuse diversité d'opinions touchant la manière de servir Dieu et de vivre selon les lois de la bienséance, on voit néanmoins certaines passions régner constamment dans tous les pays et dans tous les siècles? Que l'ambition, l'avarice, l'envie, le désir de se venger, l'impudicité et tous les crimes qui peuvent satisfaire ces passions se voient partout? Que le juif et le mahométan, le Turc et le Maure, le chrétien et l'infidèle, l'Indien et le Tartare, l'habitant de terre ferme et l'habitant des îles, le noble et le roturier, toutes ces sortes de gens, qui dans le reste ne conviennent pour ainsi dire, que dans la notion générale d'homme, sont si semblables, à l'égard de ces passions, que l'on dirait qu'ils se copient les uns les autres! D'où vient tout cela sinon de ce que le véritable principe des actions de l'homme (j'excepte ceux en qui la grâce du Saint-Esprit se déploie avec toute son efficace) n'est autre chose que le tempérament, l'inclination naturelle pour le plaisir, le goût que l'on contracte pour certains objets, le désir de plaire à quelqu'un, une habitude gagnée dans le commerce de ses amis, ou quelque autre disposition qui résulte du fond de notre nature, en quelque pays que l'on naisse, et de quelques connaissances que l'on nous remplisse l'esprit?

Il faut bien que cela soit, puisque les anciens païens, accablés d'une multitude incroyable de superstitions, perpétuellement occupés à apaiser la colère de leurs idoles, épouvantés par une infinité de prodiges, imaginant que les dieux étaient les dispensateurs de l'adversité et de la prospérité selon la vie que l'on menait, n'ont pas laissé de commettre tous les crimes imaginables. Et si cela n'était pas, comment serait-il possible que les chrétiens qui connaissent si clairement par une révélation soutenue de tant de miracles, qu'il faut renoncer au vice pour être éternellement heureux, pour n'être pas éternellement malheureux, qui ont tant d'excellents prédicateurs payés pour leur faire là-dessus les plus vives et les plus pressantes exhortations du monde, qui trouvent partout tant de directeurs de conscience zélés et savants, et tant de livres de dévotion ; comment, dis-je, serait-il possible, parmi tout cela, que les chrétiens vécussent, comme ils font, dans les plus énormes dérèglements du vice?

Pensées sur la Comète, ch. CXXXVI.
(Œuvres div., t. III, p. 87.)

Pourquoi certaines cérémonies sont régulièrement observées.

...Les hommes se conforment aux lois de leur religion lorsqu'ils le peuvent faire sans s'incommoder beaucoup et qu'ils voient que le mépris de ces lois leur serait funeste. C'est à cause de cela que les juifs observent leurs fêtes et leur circoncision. Faire circoncire un enfant, n'est pas une opération douloureuse pour le père ni pour la mère ni qui ait des suites dangereuse pour l'enfant. Cela n'empêche pas ni le père ni la mère d'amasser du bien par toute sorte d'invention, de tromper, de calomnier, de faire l'amour et de s'énivrer, si le cœur leur en dit. Et s'ils avaient la hardiesse de ne pas observer la cérémonie de la circoncision, ils se feraient excommunier et seraient regardés comme des monstres par les autres juifs. On peut dire la même chose de l'observation des fêtes. Ceux qui s'en dispensent se punissent par leurs propres mains, non seulement parce qu'ils s'exposent au blâme, à la censure et à des amandes, si le cas y échet, mais aussi parce qu'ils se dérobent le temps le plus agréable de la vie.

Car les passions de l'homme sont si ingénieuses à se dédommager, qu'elles trouvent jusque dans les choses que l'on avait destinées contre elles, la matière d'un grand triomphe. Quoi de plus commode que les fêtes ? On ne travaille pas, on met ses plus beaux habits, on danse, on joue, on boit ; les deux sexes se trouvent ensemble; pour une heure ou deux que l'on donne à Dieu, on en donne dix ou douze à ses divertissements. Voilà sans doute une importance que la religion remporte sur les passions que de faire observer ou la circoncision ou les fêtes.

Pour les jeûnes et les abstinences que l'Église nous impose, j'avoue qu'il n'est pas si aisé de les pratiquer que de s'assujettir à l'observation des fêtes, et que néanmoins on les pratique. Mais cela vient sans doute ou de ce qu'on peut les pratiquer sans préjudice de ses passions dominantes, ou de ce qu'on trouve peu à peu l'adresse d'en faire évanouir les principales incommodités, ou de ce qu'on ne veut pas passer pour profane, ce qui est quelquefois nuisible dès cette vie. On s'abstient tout un carême de manger de la viande : oui, mais s'abstient-on de médire de son prochain ? S'abstient-on de s'enrichir par des voies frauduleuses? S'abstient-on de voir des femmes de mauvaise vie? Renonce-t-on à la vengeance?

Point du tout; chacun vit en ce temps-là comme à l'ordinaire, si ce n'est qu'il va plus souvent au sermon, et qu'au lieu de faire deux grands repas, et de manger de la chair, il se contente de manger tant d'autres choses à midi, qu'une collation lui suffit après cela pour tout le reste de la journée.

C'est ainsi qu'en usent ceux qui n'ont pas beaucoup de peine à surmonter la gourmandise, car ceux qui y trouvent de grandes difficultés, ne manquent pas de recourir à l'indulgence de leurs directeurs, pour avoir la liberté d'en user comme bon leur semble.

Et après tout, il n'y a point de jeune fille, qui, pour avoir la taille plus déliée, ou pour s'épargner de quoi s'acheter de beaux habits, ne renonce à la bonne chère plus gaiement que les autres ne le font pour observer les préceptes de l'Église.

Ainsi demeurons-en à notre maxime et avouons de bonne foi que si les hommes observent plusieurs cérémonies en vertu de la religion qu'ils professent ou de la persuasion où ils sont que Dieu le veut, c'est parce que cela ne les empêche pas de satisfaire les passions dominantes de leur cœur, ou même parce que la crainte de l'infamie et de quelque châtiment corporel les y engage. Ou bien disons que s'ils observent régulièrement plusieurs cultes pénibles et incommodes, c'est parce qu'ils veulent racheter leur conscience avec leurs passions favorites: ce qui montre toujours que la corruption de leur volonté est la principale raison qui les détermine.

Pensées sur la Comète, ch. CXXXVII.
(Œuvres div., t. III, p. 88.)

Quels principes on peut inférer de ce qui vient d'être dit.

Nous pouvons donc poser pour principe:

I: Que les hommes peuvent être tout ensemble fort déréglés dans leurs mœurs, et fort persuadés de la vérité d'une religion, et même de la vérité de la religion chrétienne.

II : Que les connaissances de l'âme ne sont pas la cause de nos actions.

III : Que, généralement parlant, (car j'excepte toujours ceux qui sont conduits par l'esprit de Dieu), la foi que l'on a pour une religion n'est pas la règle de la conduite de l'homme, si ce n'est qu'elle est souvent fort propre à exciter dans son âme de la colère contre ceux qui sont de différent sentiment, de la crainte quand on se croit menacé de quelque péril, et quelques autres passions semblables, et surtout un je ne sais quel zèle pour la pratique des cérémonies extérieures, dans la pensée que ces actes extérieurs, et la profession publique de la vraie foi serviront de rempart à tous les désordres où l'on s'abandonne, et procureront un jour le pardon. Par ce principe on peut voir manifestement combien on se trompe, de croire que les idolâtres sont nécessairement plus vertueux que les athées.

Pensées sur la Comète, ch. CXLIII.
(Œuvres div., t. III, p. 92.)

La croyance aux miracles et aux mystères n'empêche pas certaines gens de vivre dans un grand désordre.

Il est si vrai que la persuasion de nos mystères est compatible avec tous les dérèglements des mœurs, qu'il n'y a guère d'homme, pour peu qu'il ait roulé dans le monde, qui ne connaisse plus de mille personnes, persuadées de tous les miracles publiés dans le christianisme, qui sont venus à leur connaissance, et prêtes à en croire cent fois autant, si l'on prend la peine d'en enrichir le public, qui vivent néanmoins dans un grand désordre. Vous voyez d'un côté ces gens-là engagés dans quelque confrérie, sous l'espérance de participer aux prières, aux mérites et aux grâces de la communauté, pendant qu'ils se divertiront; vous les voyez dans leurs maladies recourir à quelque relique venue de Rome, et d'une vertu souveraine pour guérir certaines incommodités, ou bien à la bénédiction de quelque moine fameux par des guérisons miraculeuses. Vous les voyez garnis ou d'un scapulaire ou de quelque autre chose, que l'on dit qui a la vertu d'empêcher qu'on ne se noie, ou que l'on ne meure sans confession, ou que l'on ne soit mordu d'un chien enragé, etc... Vous voyez même qu'ils observent le carême et les vigiles. Vous voyez que si un hérétique se moque de nos dévotions en leur présence, ils en viennent aux grosses injures contre lui, et quelquefois même aux coups de poing. Quand ils sont fort riches, vous les voyez faire des libéralités considérables aux religieux et aux hôpitaux, fonder des chapelles, et contribuer à la décoration des églises. Car combien y a-t-il d'ornements dans nos églises qui sont les offrandes de plusieurs célèbres maltôtiers, et de plusieurs courtisanes de grand renom, qui, ayant amassé beaucoup de richesses iniques, tâchent de faire leur paix avec Dieu, en lui consacrant quelque portion médiocre ? Combien y a-t-il d'offrandes au bas desquelles il faudrait écrire, *Victime pour le péché*, ou quelque inscription semblable à celle qui fut mise par Diogène au bas d'une Vénus d'or, que la courtisane Phryné consacra au temple de Delphes : *de la débauche des Grecs ?* Enfin vous voyez que ces Messieurs, dont je parle, vont à la messe tous les jours, bien aises cependant que ce soit celle d'un cordelier expéditif. A cela près, tout ceci fait leur beau côté. Regardons-les de l'autre ; nous trouverons que ce sont des gens, qui à peine disent trois mots sans jurer le nom de Dieu ; qui ne parlent, soit à table, dans les auberges, soit ailleurs, que de leurs prétendues *bonnes fortunes*, et cela avec des termes qui feraient rougir l'impudence. Ce sont d'ailleurs des gens qui en prennent à toutes mains. Sont-ils à la guerre ? ils rançonnent sans miséricorde le paysan, et profitent sur la paye de leurs soldats le plus qu'il leur est possible ; commandent-ils quelque part ? Ils ont mille voies obliques ou violentes de s'enrichir. Sont-ils dans les affaires, le grand théâtre de la rapine et de l'extorsion, ils font enrager tout le monde par leurs chicanes, et par leurs friponneries. De quelque profession qu'ils soient, ils mentent et médisent éternellement ; ils trompent au jeu, ils sacrifient tout à leurs vengeances, ils font des débauches horribles, *meretrix non sufficit omnis*; ils s'aident de plusieurs remèdes, pour avoir des forces qui puissent mieux seconder leurs sales désirs : en un mot, à l'égard des mœurs, ils n'ont rien qui les distingue des chrétiens profanes.

Pensées sur la Comète, ch. CXLVIII.
(Œuvres div., t. III, p. 95.)

De la dévotion que l'on dit que plusieurs scélérats ont eue pour la Sainte Vierge.

La dévotion de l'Église catholique pour la Sainte Vierge est montée à un si haut point, qu'on peut dire qu'elle fait une des plus considérables parties du culte. On a beau nous reprocher les excès et les hyperboles de nos moines, cette dévotion subsiste toujours et conserve tout son éclat : peu de personnes se hasardent de choquer en cela l'usage et les opinions du peuple : la chose est trop universelle pour la pouvoir réformer. On ajoute tous les jours des livres à cette innombrable multitude d'écrits, qui ont été publiés pendant plusieurs siècles sur les honneurs et sur les miracles de Notre-Dame. Or, entre les maximes qui ont été avancées par les auteurs de cette sorte de livres, celle-ci n'est pas des moins communes, *que l'on peut être très méchant, et néanmoins fort dévôt envers la Mère de Dieu ;* et l'on en donne une infinité d'exemples, dans les livres intitulés : *Le grand miroir des exemples, Les fleurs des exemples* ou *Le Catéchisme historial, La chronique de la Mère de Dieu, etc.* Alexis de Salo nous assure, avec plusieurs autres, qu'un jeune homme si perdu et si endurci dans le crime, qu'ayant été mis en prison pour divers meurtres et pour divers brigandages qu'il avait commis, il renonça au Fils de Dieu et à tous les sacrements de l'Église, sous l'espérance que le diable lui donna de le sauver du gibet; il nous assure, dis-je, que cet homme ne laissait pas de réciter tous les jours l'*Ave Maria* et qu'il ne voulut jamais consentir à la proposition qui lui fut faite par le diable, de renoncer à la Sainte Vierge. Il s'en trouva fort bien, car ayant aperçu une image de Notre-Dame sur une chapelle qui se rencontra dans son chemin, lorsqu'on le conduisait au supplice, il lui adressa ses prières, et en même temps l'image inclinant doucement la tête vers son dévôt lui saisit le bras de telle sorte que les archers ne purent jamais l'arracher de là. Le même auteur nous parle en un autre endroit d'une courtisane extrêmement débordée qui néanmoins faisait tous les jours sept révérences dévotes à la Sainte Vierge accompagnées d'un *Ave Maria;* ce qui fut cause qu'une dame vertueuse, fâchée de voir son mari dans un commerce criminel avec cette courtisane, supplia inutilement la mère de Dieu de châtier cette infâme prostituée; car l'image de la

Sainte Vierge qu'elle invoquait, lui répondit en propres termes : « Il m'est impossible de vous accorder votre demande. Ce n'est pas que je n'en reconnaisse la justice ; mais l'affection que cette courtisane conserve pour moi parmi tous ses dérèglements me lie les mains, et m'empêche de lui infliger le châtiment que vous souhaitez ».

J'ajoute pour un troisième exemple tiré des « Nouvelles de la reine de Navarre », qu'un homme qu'elle ne nomme pas, mais qu'elle désigne assez bien, allant à une assignation amoureuse, traversait toujours une église qui se rencontrait sur son passage et y faisait régulièrement ses oraisons. Retournant chez lui après avoir assez caressé sa maîtresse, il ne manquait point non plus de passer par la même église, et d'y faire ses prières. Cette reine allègue cela pour un témoignage de singulière dévotion. Mais Montaigne n'est pas en cela de son sentiment, et il fait bien.

Car comme l'a fort bien prouvé tout fraîchement M. l'évêque de Castorie, il ne peut point y avoir de véritable dévotion ni pour Dieu ni pour les saints dans une âme qui n'aime point Dieu et qui n'obéit pas à Dieu....

Pensées sur la Comète, ch. CXLIX.
(Œuvres div., t. III, p. 95.)

S'il est vrai qu'il y a beaucoup d'athées à la cour des princes.

On croit ordinairement que les princes et les seigneurs de la cour n'ont ni foi ni loi, et l'on se fonde sur ce qu'ils vivent tout de même que s'ils ne croyaient ni paradis ni enfer, sacrifiant tout à leur ambition, se faisant une obligation indispensable de se venger des moindres injures, caressant leurs plus mortels ennemis quand l'intérêt le veut ainsi, veillant sur toutes les occasions de les ruiner par des voies imperceptibles, abandonnant leurs meilleurs amis dans les disgrâces, toujours dans des occupations éloignées de l'esprit de l'Evangile, dans le jeu, dans les galanteries criminelles, dans les extorsions, dans les festins, évitant sur toutes choses les apparences de la piété, tournant en ridicule la dévotion ; en un mot, se rendant esclaves de toutes les vanités du monde. On a quelque raison de croire que ceux qui vivent ainsi, n'ont aucune religion, et cela est vrai en un certain sens parce qu'ils n'ont qu'une religion croupissante dans quelque coin de l'âme sans être le principe d'aucun bien. Mais on se trompe lourdement si l'on croit que tous ces messieurs sont athées. Tant s'en faut qu'ils le soient, qu'on peut dire qu'il n'y a guère de gens au monde qui donnent plus qu'eux dans certaines superstitions. Pour ne point parler de l'entêtement où ils ont été autrefois de consulter les astrologues, ne sait-on pas qu'ils ont une curiosité prodigieuse de consulter les devins? Peut-on ignorer combien ils sont infatués des présages? Y a-t-il beaucoup de grandes maisons où l'on ne débite pas que l'on est averti régulièrement par l'apparition de quelque fantôme ou par quelque autre signe particulier, que quelqu'un de la famille doit mourir? Combien de traditions prophétiques ne fait-on pas courir touchant certaines familles de grande naissance? mais surtout, combien de prodiges, combien d'accidents miraculeux ne raconte-t-on pas de ses ancêtres parmi le grand monde? Vous me direz que ce n'est pas une marque que l'on en soit persuadé; qu'on veut seulement faire accroire aux autres que l'on est particulièrement recommandé aux destinées.

Je le crois de quelques-uns; mais la plupart sont si aises de s'imaginer que la Providence les distingue qu'ils se le persuadent tout de bon. Tous nos historiens conviennent que jamais on n'a vu la magie plus en vogue qu'à la cour de France, sous la reine Catherine de Médicis ; ce qui eût été impossible si l'on y eût crû un Dieu, car il n'y a point de gens plus incrédules sur tout ce qu'on dit des sorciers et des magiciens que les athées.

Voyons un peu les grands seigneurs au lit de la mort. C'est là que la nature secoue le joug de la dissimulation et que les véritables sentiments de l'âme se découvrent, si jamais ils sont capables de le faire. Voyons-nous des gens plus empressés que les princes, que les ducs et que les comtes, à se recommander en cet état-là à la vertu des saintes reliques et à l'intercession des bienheureux? Y en a-t-il qui ne souhaitassent de se faire voir au P. Marc d'Aviano, ou à quelque autre personne célèbre par sa sainteté et par le don de guérir les maladies? Quels présents n'envoyaient-ils pas par tous les cloîtres, afin qu'on priât Dieu pour leur guérison? D'où est venue la richesse des églises que de la peur que les grands seigneurs ont eue de demeurer trop longtemps en purgatoire? J'avoue que l'on ne fait pas à présent des legs pieux aussi considérables qu'autrefois mais, on en fait pourtant de considérables. Le mal est pour les gens d'église, que les héritiers ne s'acquittent pas fidèlement de la promesse du testateur, ayant moins de peur que lui de la mort, parce qu'ils ne la voient pas de si près. Tout cela fait voir manifestement que la vie de la cour ne fait pas abjurer le symbole des Apôtres : on se contente de ne suivre point ses lumières pendant qu'on se porte bien.

Pensées sur la Comète, ch. CLI.
(Œuvres div., t. III, p. 97.)

Zèle de la cour de France et des grands seigneurs contre les protestants.

. . . . . On n'a jamais persécuté les hérétiques plus que l'on ne persécuta les calvinistes sous François 1er et Henri II. Cela n'ayant pas empêché qu'ils ne se multipliassent, on ne voulut pourtant point tolérer leurs assemblées, et l'on aima mieux plonger le royaume dans les funestes désolations d'une guerre civile, que de souffrir qu'il y eût en France une nouvelle religion. Quoi, disait-on, il sera dit que l'Eglise aura été déchirée impunément dans le patrimoine du Roi Très-Chrétien ? Cette Eglise, qui est sur le trône depuis Clovis ? Cette Eglise dont les rois de France sont les fils aînés ? Non, il faut exterminer tous ceux qui ont eu l'audace de la combattre. En effet, on en vint aux armes, et l'on ne fit jamais aucun traité avec les rebelles, qu'afin de se mieux préparer à les ruiner ; et quand on vit que la force ouverte ne servait de rien, on se servit de la ruse, on attira leurs chefs et leur principale noblesse à la cour, sous le plus beau prétexte du monde, et on l'y massacra cruellement. On continua la tuerie et les combats autant que l'on put, jusques à ce qu'enfin les deux partis plus las que rassasiés de s'entre-détruire, et désespérant chacun de la victoire, s'accordèrent le mieux qu'ils purent. Si la cour de France eût été athée, elle n'eût jamais tenu cette conduite.

. . . . . Et pour comprendre comment il se peut faire, qu'un homme soit en même temps zélé pour sa religion, et fort débauché, il n'y a qu'à considérer que dans la plupart des hommes, l'amour de la religion n'est point différent des autres passions humaines que l'on contracte. On se trompe fort si l'on s'imagine que tous les chrétiens qui paraissent avoir de l'attachement pour le Christianisme, et tous les catholiques qui haïssent les autres sectes, ont reçu cette disposition immédiatement de Dieu ; car il n'y a que les véritables serviteurs de Dieu qui se puissent vanter d'avoir du zèle par une grâce du Saint-Esprit.

Les méchants chrétiens qui témoignent du zèle pour leur religion, n'ont, à proprement parler, que de l'entêtement. Ils aiment leur religion comme d'autres aiment leur noblesse ou leur patrie ; ou plutôt, ils s'obstinent à persévérer dans leur religion, comme d'autres s'obstinent à ne point changer les anciennes coutumes, qui regardent la manière de s'habiller ou de se marier. Il y a des gens qui se laisseraient aussitôt tuer, que de souffrir que l'on innovât leurs vieilles coutumes : ils font la même chose, quand on veut les empêcher d'aller prier Dieu dans certaines églises, avec les cérémonies usitées de tout temps..... Ainsi, croire que la religion dans laquelle on a été élevé, est fort bonne, et pratiquer tous les vices qu'elle défend, sont des choses extrêmement compatibles, aussi bien dans le grand monde que parmi le peuple.

. . . . . La preuve que je tire de la haine que l'on a pour les sectes, peut être appliquée à nos grands seigneurs ; car ils s'emploient assez bien à la ruine du calvinisme, selon le nouveau plan que l'on a choisi ; ils s'y emploient, dis-je, assez bien, sans qu'il paraisse qu'ils aient la moindre envie de vivre plus chrétiennement ; ceux qui ont des huguenots dans leurs terres tâchent de les convertir ou de gré ou de force. Les gouverneurs des places font la même chose à l'égard des bourgeois et des soldats qui sont sous leur juridiction. Ceux qui ont des domestiques calvinistes, ou les chassent, ou les obligent à abjurer leur créance. D'où il s'ensuit que nos grands seigneurs ne sont ni athées, ni déistes, quelle que soit quant au reste la vie qu'ils mènent.

Pensées sur la Comète, ch. CLV et CLVI.
(Œuvres div., t. III., p. 100-101.)

Conjectures sur les mœurs d'une société qui serait sans religion.

Après toutes ces remarques, je ne ferai pas difficulté de dire, si l'on veut savoir ma conjecture touchant une société d'athées, qu'il me semble qu'à l'égard des mœurs et des actions civiles elle serait toute semblable à une société de païens. Il y faudrait à la vérité des lois fort sévères et fort bien exécutées pour la punition des criminels. Mais n'en faut-il pas partout ? Et oserions-nous sortir de nos maisons, si le vol, le meurtre, les autres voies de fait étaient permises par les lois du prince ? N'est-ce pas uniquement la nouvelle vigueur que le roi a donnée aux lois pour réprimer la hardiesse des filous, qui nous met à couvert de leurs insultes la nuit et le jour dans les rues de Paris ? Sans cela ne serions-nous pas exposés aux mêmes violences que sous les autres règnes, quoique les prédicateurs et les confesseurs fassent encore mieux leur devoir, qu'ils ne faisaient autrefois. Malgré les roues et le zèle des magistrats, et la diligence des prévôts, combien se fait-il de meurtres et de brigandages, jusque dans les lieux et dans le temps où l'on exécute les criminels ? On peut dire sans faire le déclamateur, que la justice humaine fait la vertu de la plus grande partie du monde ; car dès qu'elle lâche la bride à quelque péché, peu de personnes s'en garantissent.

Pensées sur la Comète, ch. CLXI.
(Œuvres div., t. III, p. 103.)

Si une société d'athées se ferait des lois de bienséance et d'honneur.

On voit à cette heure combien il est apparent qu'une société d'athées pratiquerait les actions civiles et morales, aussi bien que les pratiquent les autres sociétés, pourvu qu'elle fît sévèrement punir les crimes, et qu'elle attachât de l'honneur et de l'infamie à certaines choses. Comme l'ignorance d'un premier Etre créateur et conservateur du monde n'empêcherait pas les membres de cette société d'être sensibles à la gloire et au mépris, à la récompense et à la peine, et à toutes les passions qui se voient dans les autres hommes, et n'étoufferait pas toutes les lumières de la raison, on verrait parmi eux des gens qui auraient de la bonne foi dans le commerce, qui assisteraient les pauvres, qui s'opposeraient à l'injustice, qui seraient fidèles à leurs amis, qui mépriseraient les injures, qui renonceraient aux voluptés du corps, qui ne feraient tort à personne, soit parce que le désir d'être loués les pousserait à toutes ces belles actions, qui ne sauraient manquer d'avoir l'approbation publique, soit parce que le dessein de se ménager des amis et des protecteurs, en cas de besoin, les y porterait. Les femmes s'y piqueraient de pudicité, parce qu'infailliblement cela leur acquerrait l'amour et l'estime des hommes. Il s'y ferait des crimes de toutes les espèces, je n'en doute point; mais il ne s'y en ferait pas plus que dans les sociétés idolâtres, parce que tout ce qui fait agir les païens, soit pour le bien, soit pour le mal, se trouverait dans une société d'athées, savoir les peines et les récompenses, la gloire et l'ignominie, le tempérament et l'éducation. Car pour cette grâce sanctifiante, qui nous remplit de l'amour de Dieu, et qui nous fait triompher de nos mauvaises habitudes, les païens en sont aussi dépourvus que les athées.

Qui voudra se convaincre pleinement, qu'un peuple destitué de la connaissance de Dieu, se ferait des règles d'honneur, et une grande délicatesse pour les observer, n'a qu'à prendre garde qu'il y a parmi les chrétiens un certain honneur du monde, qui est directement contraire à l'esprit de l'Evangile. Je voudrais bien savoir, d'après quoi on a tiré ce plan d'honneur, duquel les chrétiens sont si idolâtres, qu'ils lui sacrifient toutes choses. Est-ce parce qu'ils savent qu'il y a un Dieu, un Evangile, une Résurrection, un Paradis, un Enfer, qu'ils croient que c'est déroger à son honneur, que de laisser un affront impuni, que de céder la première place à un autre, que d'avoir moins de fierté et moins d'ambition que ses égaux? On m'avouera que non. Que l'on parcoure toutes les idées de bienséance qui ont lieu parmi les chrétiens, à peine en trouvera-t-on deux ayant été empruntées de la religion, et quand les choses deviennent honnêtes, de malséantes qu'elles étaient, ce n'est nullement parce que l'on a mieux consulté la morale de l'Evangile. Les femmes se sont avisées depuis quelque temps, qu'il était d'un plus grand air de qualité de s'habiller en public et devant le monde, d'aller à cheval, de courir à toute bride après une bête, etc., et elles ont tant fait, qu'on ne regarde plus cela comme éloigné de la modestie. Est-ce la religion qui a changé nos idées à cet égard? Comparez un peu les manières de plusieurs nations qui professent le christianisme; comparez-les, dis-je, les unes avec les autres, vous verrez que ce qui passe pour malhonnête dans un pays, ne l'est point du tout ailleurs. Il faut donc que les idées d'honnêteté qui sont parmi les chrétiens, ne viennent pas de la religion qu'ils professent. Il y en a quelques-unes de générales, je l'avoue, car nous n'avons point de nations chrétiennes, où il soit honteux à une femme d'être chaste.

Mais pour agir de bonne foi, il faut confesser que cette idée est plus vieille, ni que l'Evangile, ni que Moïse, c'est une certaine impression qui est aussi vieille que le monde, et je vous ferai voir tantôt, que les païens ne l'ont pas empruntée de leur religion. Avouons donc, qu'il y a des idées d'honneur dans le genre humain, qui sont un ouvrage de la nature, c'est-à-dire de la Providence générale. Avouons-le surtout de cet honneur dont nos braves sont si jaloux, et qui est si opposé à la loi de Dieu. Et comment douter après cela, que la nature ne pût faire parmi les athées, où la connaissance de l'Evangile ne la contrecarrerait pas, ce qu'elle fait parmi les chrétiens ?

Pensées sur la Comète, ch. CLXXII.
(Œuvres div., t. III, p. 109.)

Que les gens voluptueux ne s'amusent guère à dogmatiser contre la religion.

Je ne sais si l'on ne pourrait pas appliquer à la religion ce qui fut dit par Jules César à ceux qui le vinrent avertir, que M. Antoine et Dolabella machinaient quelque chose contre lui : *Je ne me défie guère*, leur répondit-il, *de ces gens si gras et si bien peignés; je redoute bien plus ces maigres et ces pâles là*, parlant de Brutus et de Cassius. Les ennemis de la religion, ces esprits qui ne croient rien, qui se font un titre d'esprit fort, de douter de tout, qui cherchent des réponses aux arguments dont on se sert pour prouver l'existence de Dieu, qui raffinent les difficultés que l'on objecte contre la Providence, ne sont pas pour l'ordinaire des gens fort voluptueux. Quand on passe toute la journée parmi les verres et les pots, qu'on aime à courir le bal toute la nuit, qu'on en conte et à la blonde et à la brune; qu'on tend toutes sortes de pièges à la pudicité des femmes; qu'on ne cherche qu'à tuer le temps dans la débauche, et à prévenir le dégoût des plaisirs par la diversité des objets, on ne se met guère en peine de savoir si M. Descartes a bien démontré, dans la métaphysique, l'existence de Dieu et la spiritualité de l'âme, et s'il a bien répondu aux objections qui lui ont été proposées. On ne s'avise point non plus, d'examiner la démonstration évangélique de M. Huet si pleine d'éloquence et d'érudition et de chercher de quoi éluder les preuves de la vérité de la religion chrétienne. On ne va point se rompre la tête à étudier les prétendues démonstrations de Spinoza, pour tâcher de comprendre que l'univers est un Etre simple, et que nous sommes des modifications de Dieu. On se moque même d'un physicien qui s'attache à découvrir la raison des phénomènes :

> Que Rohault vainement sèche pour concevoir
> Comment tout étant plein, tout a pu se mouvoir.
> (Boileau, *Ép. à Guilleragues*).

On n'a pas le temps de songer à tout cela, et quand on l'aurait, on ne l'emploierait pas à des pensées abstraites qui n'ont rien d'agréable pour des personnes accoutumées à la sensualité. On s'en repose donc sur ce qui en est; on croit bonnement son catéchisme; on se persuade même, qu'en ne doutant de rien, on se ménage des ressources pour son salut et que la foi n'est pas moins utile à la tranquillité de notre âme, que nécessaire à son salut, et l'on se divertit en attendant. Au contraire, ceux qui ont l'esprit d'incrédulité en partage, et qui se piquent de douter avec raison, se soucient peu du cabaret, traitent la coquetterie de haut en bas, sont chagrins, maigres et pâles; rêvent, même en mangeant, à quelque figure de géométrie; si bien qu'au lieu de dire avec Caton que de tous ceux qui avaient entrepris d'opprimer la liberté de Rome, il n'y avait que César qui eût été sobre, il faut demeurer d'accord, qu'entre ceux qui ont conspiré contre l'unité de l'Eglise, qui ont inventé des hérésies, qui ont voulu renverser ou la religion, ou même l'existence de Dieu, il n'y a pas eu beaucoup d'ivrognes et de débauchés. Cicéron ayant vu que César ne grattait sa tête que du bout du doigt et qu'il avait grand soin de bien peigner, de bien friser et de bien arranger ses cheveux, jugea qu'il n'était pas capable d'attenter à la liberté de la République. Il se trompa dans sa conjecture, mais il ne peut guère arriver qu'on se trompe, en jugeant qu'un homme plongé dans les plus infâmes débauches, ne se fera point brûler, ni pour le crime d'hérésie ni pour celui d'athéisme. Ce n'est pas que je croie que tous ceux qui n'ont point de religion soient d'une vie bien morigénée; je crois qu'il y en a qui se portent à tous les crimes imaginables : mais je prétends seulement, qu'il y en a aussi qui ne se distinguent point par leurs vices; et l'on ne saurait me nier cela puisque j'ai l'expérience de mon côté. Or de ce qu'il y a des athées, qui, moralement parlant, ont de bonnes inclinations, il est facile de conclure, que l'athéisme n'est pas une cause nécessaire de méchante vie, mais seulement une cause par accident, ou bien une cause qui ne produit la corruption des mœurs qu'en ceux qui ont assez de penchant au mal pour se débaucher sans cela.

Pensées sur la Comète, ch. CLXXV.
(Œuvres div., t. III, p. 112.)

Si l'on peut avoir une idée d'honnêteté sans croire qu'il y ait un Dieu.

....On se persuade que tous les athées indifféremment sont des scélérats.....

....Ce qui fait encore que l'on est dans cette persuasion, c'est qu'on a de la peine à comprendre qu'un homme qui ne croit point de Dieu, ait aucune idée d'honnêteté, si bien qu'on se l'imagine toujours prêt à faire tous les crimes dont la justice humaine ne le peut point châtier. On se trompe manifestement, puisqu'on a vu faire aux Epicuriens plusieurs actions louables et honnêtes, dont ils pouvaient se dispenser sans craindre aucune punition, et dans lesquelles ils sacrifiaient l'utilité et la volupté à la vertu. — La raison a dicté aux anciens sages, qu'il fallait faire le bien pour l'amour du bien même, et que la vertu se devait tenir à elle-même lieu de récompense, et qu'il n'appartenait qu'à un méchant homme de s'abstenir du mal par la crainte du châtiment.

Nos historiens nous racontent, qu'un ambassadeur de Saint Louis vers le Soudan de Damas, ayant demandé à une femme qu'il trouva dans les rues, ce qu'elle prétendait faire avec le feu qu'elle portait d'une main, et avec l'eau qu'elle portait de l'autre, apprit de cette femme, qu'elle destinait le feu à brûler le paradis, et l'eau à éteindre les flammes de l'enfer, afin que les hommes ne servissent plus la divinité par des vues mercenaires, mais uniquement à cause de l'excellence de sa nature. — Pour ne rien dire des Saducéens, qui faisaient profession ouverte de servir Dieu, quoi qu'ils n'attendissent de lui que les biens de cette vie, ne lisons-nous pas qu'Epicure, qui niait la Providence et l'immortalité de l'âme, ne laissait pas d'honorer les Dieux? Il fit des livres de dévotion où il parla avec tant de force de la sainteté et de la piété, qu'on eût dit que c'était l'ouvrage de quelque souverain Pontife. — Quand on lui objectait qu'il n'avait que faire du culte des Dieux, lui qui croyait qu'ils ne nous faisaient ni bien, ni mal, il répondait que l'excellence de leur nature était une assez grande raison de les vénérer, et qu'on se trompait fort de croire, qu'à moins de redouter le ressentiment des Dieux, on ne pouvait pas leur rendre ses adorations : « Délivrés de ces frayeurs, et mis en liberté par Epicure, nous ne redoutons point les Dieux, parce que nous savons qu'ils ne se chagrinent de rien, ni ne cherchent à faire du mal à personne, et nous honorons pieusement et saintement cet être plein de majesté et d'excellence ». — Qu'il y eut plus de sincérité que de politique dans tous ces beaux discours, c'est de quoi je ne voudrais pas répondre. Mais on ne saurait nier qu'un homme qui parle ainsi, n'ait une idée d'honnêteté, et ne conçoive qu'il est digne de l'homme d'avoir une vénération désintéressée pour les choses excellentes; et c'est la conclusion que Sénèque tire de cette doctrine d'Epicure. Il est donc vrai que la raison a trouvé sans le secours de la religion l'idée de cette piété que les Pères ont tant vantée, qui fait que l'on aime Dieu, et que l'on obéit à ses lois, uniquement à cause de son infinie perfection; cela me fait croire que la raison, sans la connaissance de Dieu, peut quelquefois persuader à l'homme qu'il y a des choses honnêtes qu'il est beau et louable de faire, non pas à cause de l'utilité qui en revient, mais parce que cela est conforme à la raison.

Il peut y avoir des gens assez brutaux, pour ne voir pas qu'il est plus honnête de faire du bien à son bienfaiteur, que de le payer d'ingratitude; mais je ne vois pas que ce soit une nécessité indispensable, que tous ceux qui ignorent qu'il y a un Dieu, méconnaissent l'honnêteté qui est jointe avec la reconnaissance. — Car il faut savoir qu'encore que Dieu ne se révèle pas pleinement à un athée, il ne laisse pas d'agir sur son esprit, et de lui conserver cette raison et cette intelligence, par laquelle tous les hommes comprennent la vérité des premiers principes de métaphysique et de morale.

Pensées sur la Comète, ch. CLXXVIII.
(Œuvres div., p. 114.)

II

RELIGION et MORALE

Examen critique d'un trait de la vie de David.

David, ayant demeuré quelque temps dans la ville capitale du roi Akis, avec sa petite troupe de 600 braves aventuriers, craignit d'être à charge à ce prince, et le pria de lui assigner une autre demeure. Akis lui marqua la ville de Siceley. David s'y transporta avec ses braves, et ne laissa point rouiller leurs épées. Il les menait souvent en parti, et tuait sans miséricorde hommes et femmes : il ne laissait en vie que les bestiaux ; c'était le seul butin avec quoi il s'en revenait : il avait peur que les prisonniers ne découvrissent tout le mystère au roi Akis ; c'est pourquoi il n'en amenait aucun, il faisait faire main basse sur l'un et sur l'autre sexe. Le mystère, qu'il ne voulait point que l'on révélât, est que ces ravages se faisaient, non pas sur les terres des Israëlites, comme il le faisait accroire au roi de Gath, mais sur les terres des anciens peuples de la Palestine.

Franchement, cette conduite était fort mauvaise ; pour couvrir une faute, on en commettait une plus grande. On trompait un roi à qui l'on avait de l'obligation ; et on exerçait une cruauté prodigieuse, afin de cacher cette tromperie. Si l'on avait demandé à David : « *De quelle autorité fais-tu ces choses* », qu'eût-il pu répondre? Un particulier comme lui, un fugitif qui trouve un asile sur les terres d'un prince voisin, est-il en droit de commettre des hostilités pour son propre compte, et sans commission émanée du souverain du pays? David avait-il une telle commission? Ne s'éloignait-il pas au contraire et des intentions et des intérêts du roi de Gath? Il est sûr que si aujourd'hui un particulier, de quelque naissance qu'il fût, se conduisait comme fit David en cette rencontre, il ne pourrait pas éviter qu'on ne lui donnât des noms très peu honorables. Je sais bien que les plus illustres héros, et les plus fameux prophètes du Vieux Testament, ont quelquefois approuvé que l'on passât au fil de l'épée tout ce que l'on trouverait en vie; et ainsi je me garderais bien d'appeler inhumanité ce que fit David, s'il avait été autorisé des ordres de quelque prophète, ou si Dieu par inspiration lui eût commandé à lui-même d'en user ainsi : mais il paraît manifestement par le silence de l'Ecriture, qu'il fit tout cela de son propre mouvement.

(*Dictionn.*, art. *David.*)

Ce qu'on doit penser des prodiges que les sectateurs de Mahomet lui ont attribués.

..... Il ne faut jamais imputer aux gens ce qu'ils n'ont point fait; et par conséquent il n'est point permis d'argumenter contre Mahomet en vertu des rêveries que ses sectateurs content de lui, s'il n'est pas vrai qu'il les ait lui-même débitées. Il sera assez chargé, quand même on ne lui fera porter que ses propres fautes, sans le rendre responsable des sottises qu'un zèle indiscret et romanesque a fait couler de la plume de ses disciples. Mais que penserons-nous de la fable impertinente qu'un Bénédictin Flamand a osé débiter ?

Un Génois, dit-il, eut la curiosité de voir ce que les Maures pratiquent dans leurs Mosquées; il s'y glissa furtivement, quoiqu'il sût fort bien leur coutume de faire mourir tous les chrétiens qui y entrent, ou de les contraindre d'abjurer le christianisme. Un besoin naturel le prit, et il fallut songer à gagner la porte. Mais la foule était si grande qu'il ne put se faire jour. Le besoin devint si pressant, que l'Italien n'en fut plus le maître : la puanteur qui se répandit autour de lui le décela, et fit éclater son aventure. Il se tira de ce mauvais pas, en faisant entendre qu'ayant été constipé depuis longtemps, il était venu se recommander à Mahomet, et qu'aussitôt il avait été soulagé. Là-dessus, on prit ses chausses, on les pendit aux murs de la mosquée, on cria : Miracle! miracle! Voilà comment la moitié du monde se moque de l'autre; car sans doute les mahométans n'ignorent pas tout ce qui se dit de ridicule touchant les moines; et s'il était vrai qu'ils n'en sussent rien, on ne laisserait pas de pouvoir croire raisonnablement qu'ils font courir des mensonges et des fables impertinentes contre les sectes chrétiennes. S'ils savaient le conte du Bénédictin, ils diraient peut-être : *Ces bons forgerons de miracles nous en fabriquent de bien grossiers; ce n'est pas qu'ils n'en sachent inventer de bien subtils, mais ils les gardent pour eux; ils boivent le vin et nous envoient la lie.*

(*Dictionn.*, art. *Mahomet*, § VII.)

Que les succès rapides du mahométisme ont ôté à la religion chrétienne une de ses preuves, tirée de son étendue.

Les succès éclatants de l'Evangile, et la rapidité prodigieuse de sa propagation, fournirent autrefois aux Pères de l'Eglise un argument victorieux contre les juifs, et contre les sectes qui se formaient dans le sein du christianisme. Cela faisait voir l'accomplissement des oracles de l'Écriture, qui avait prédit que la connaissance et le service du vrai Dieu, sous le Messie, ne seraient point renfermés comme auparavant dans un petit coin de la Palestine; mais que toutes les nations de la terre deviendraient le peuple de Dieu. Ce raisonnement terrassait les juifs et les hérétiques, et a conservé toute sa force jusqu'au temps de Mahomet. Depuis ce temps-là, il a fallu y renoncer, puisque, à ne considérer que l'étendue, la religion de ce faux prophète pouvait s'attribuer les anciens oracles, tout de même que le christianisme se les était attribués.

On ne saurait donc être assez surpris que les Bellarmins et tels autres grands controversistes, aient dit en général, que l'étendue est la marque de la vraie Eglise, et qu'ils aient prétendu par là gagner leur procès contre l'Eglise protestante. Ils ont eu même l'imprudence de mettre la prospérité entre les marques de la vraie Eglise. Il était facile de prévoir qu'on leur répondrait, qu'à ces deux marques l'Eglise mahométane passera plus justement que la chrétienne pour la vraie Eglise. La religion de Mahomet a beaucoup plus d'étendue que n'en a le christianisme, cela n'est pas contestable. Postel et quelques autres écrivains assurent qu'elle occupe la moitié du monde, ou plus ; il y a peut-être de l'exagération dans leur récit; il suffit de dire que si nous divisons les régions connues de la terre en trente parties égales, celle des chrétiens sera comme cinq, celle des mahométans comme six, et celle des païens comme dix-neuf. Ainsi la religion mahométane est beaucoup plus étendue que la chrétienne : car elle la surpasse de la trentième partie du monde connu; or cette trentième partie est un pays bien considérable.

Les victoires et les triomphes du mahométisme ont incomparablement plus d'éclat que tout ce dont les chrétiens se peuvent glorifier, en ce genre de prospérités. Les plus grands spectacles que l'histoire puisse étaler, sont sans contredit les actions des musulmans. Que peut-on voir de plus admirable que l'empire des Sarrazins, établi depuis le détroit de Gibraltar jusqu'aux Indes? Tombe-t-il? Voilà les Turcs d'un côté, et les Tartares de l'autre, qui conservent la grandeur et l'éclat de Mahomet. Trouvez-moi parmi les princes chrétiens des conquérants qui puissent tenir la balance contre les Saladin, les Gengis Khan, les Tamerlan, les Amurath, les Bajazet, les Mahomet II, les Soliman. Les Sarrazins ne resserrèrent-ils pas le christianisme jusqu'au pied des Pyrénées? N'ont-ils pas fait cent ravages dans l'Italie, et jusqu'au cœur de la France? Les Turcs n'ont-ils pas poussé leurs conquêtes jusqu'aux confins de l'Allemagne, et jusqu'au golfe de Venise? Les ligues, et les croisades des princes chrétiens, ces grandes expéditions qui épuisaient d'hommes et d'argent l'Eglise latine, ne peuvent-elles pas être comparées à une mer qui pousse ses flots depuis l'Occident jusqu'à l'Orient, pour les briser en frémissant contre un rivage escarpé qu'elle ne peut franchir? Il a fallu enfin céder à l'étoile de Mahomet, et au lieu de l'aller chercher dans l'Asie, on a compté pour un grand bonheur de se battre en retraite dans le centre de l'Europe.

(*Dictionn.*, art. *Mahomet*, § V.)

Parallèle de l'ancienne et de la nouvelle Rome. — Réflexions sur la puissance à laquelle les Papes sont parvenus.

La puissance à laquelle les Papes sont parvenus, me paraît aussi digne d'étonnement, que la vaste monarchie de l'ancienne Rome : de sorte qu'on peut assurer que la Providence avait destiné cette grande ville à être de deux manières différentes la source et le centre de la domination la plus admirable dont l'histoire des hommes fasse mention. Si cela ne prouve pas que les Romains, en fait de vertus morales, aient surpassé les autres peuples, c'est pour le moins une preuve qu'ils ont eu, ou plus de courage, ou plus d'industrie. — On ne saurait considérer sans étonnement qu'une Eglise qui n'a, dit-elle, que les âmes spirituelles de la parole de Dieu, et qui ne peut fonder ses droits que sur l'Evangile, où tout prêche la pauvreté et l'humilité, ait eu la hardiesse d'aspirer à une domination absolue sur tous les rois de la terre : mais il est plus étonnant encore qu'un dessein aussi chimérique lui ait réussi. Que l'ancienne Rome, qui ne respirait que la guerre et les conquêtes, ait subjugué tant d'autres peuples, cela est beau et glorieux, selon le monde : mais on n'en est pas surpris quand on y fait un peu de réflexion. — On doit être bien autrement étonné quand on voit la nouvelle Rome, uniquement occupée du ministère apostolique, acquérir une autorité sous laquelle les plus grands monarques ont été contraints de plier. Selon le monde, cette conquête est un ouvrage plus glorieux que celle des Alexandre, des César, et Grégoire VII, qui en a été le principal promoteur, doit avoir place parmi les grands conquérants.

L'anonyme qui publie depuis quelque temps (depuis le mois de juin 1699) un Journal, intitulé *l'Esprit des Cours de l'Europe*, prétend que les conquêtes des Papes n'ont pas été aussi difficiles que je le pense, et qu'il faut plutôt s'étonner de ce que leur ambition n'a pas entrepris, que de ce qu'elle a si heureusement exécuté.

..... Laissons croire à cet écrivain subtil que les Papes ont pu aisément persuader au monde qu'ils étaient des Dieux, c'est-à-dire qu'en qualité de chefs visibles de l'Eglise, ils pouvaient déclarer authentiquement *cela est hérétique, cela est orthodoxe*, régler les cérémonies, et commander à tous les évêques du monde chrétien. — Résultera-t-il de là qu'ils aient pu aisément établir leur autorité sur les monarques, et les mettre sous leur joug avec la dernière facilité? C'est ce que je ne vois point. Je vois au contraire que, selon les apparences, leur autorité spirituelle devait courir de grands risques par l'ambition qu'ils auraient d'attenter sur le temporel des rois. — *Prenez garde,* dit-on un jour aux Athéniens, *que le soin du ciel ne vous fasse perdre la terre.* — On aurait pu dire tout au rebours aux Papes : *Prenez garde que la passion d'acquérir la terre ne vous fasse perdre le ciel; on vous ôtera la puissance spirituelle, si vous travaillez à usurper la temporelle.*

(*Dictionn.*, art. *Grégoire VII*, rem. B.)

Si la principale cause des succès éclatants de Mahomet vient de ce qu'il promettait aux hommes un Paradis sensuel.

..... Venons au paradis de Mahomet. Il faut convenir que l'espérance des plaisirs sensuels, qu'il promet à ses sectateurs, pouvait être un leurre pour les païens, qui n'avaient que des idées confuses du bonheur de l'autre vie. Mais je ne sais si elle était propre à tenter les juifs, et je ne crois pas qu'elle ait pu rien opérer sur les chrétiens. — Et cependant combien y eut-il de chrétiens que ce faux prophète fit tomber dans l'apostasie! Je veux qu'il faille prendre à la lettre ce qu'il disait des voluptés de son paradis, *que chacun y aurait la force de cent hommes pour se satisfaire pleinement avec les femmes aussi bien que pour boire et pour manger;* cela ne balancerait point l'idée que l'Ecriture nous donne du bonheur de l'autre vie. Elle en parle comme d'un état dont les délices surpassent tout ce que *les yeux ont vu*, tout ce que *les oreilles ont ouï*, et tout ce qui peut *monter au cœur de l'homme*. Dès qu'on ajoute foi à l'Ecriture, on se représente le bonheur du paradis comme quelque chose qui surpasse l'imagination; on n'y donne point de bornes. Tâchez de vous fixer à quelque idée, vous n'en venez point à bout, vos espérances vous portent plus haut; elles s'élancent au delà de toutes bornes. Mahomet ne vous laisse point cette liberté; il vous renferme dans de certaines limites; il multiplie cent fois les plaisirs que vous avez éprouvés, et vous laisse là. — Qu'est-ce que cent fois, en comparaison d'un nombre où l'on ne trouve jamais le dernier terme?

Mais, dira-t-on, l'Ecriture ne vous parle que de plaisir en général, et si elle se sert d'une image corporelle, si elle promet *que l'on sera rassasié de la graisse de la maison de Dieu, que l'on sera abreuvé au fleuve de ses délices,* vous êtes avertis tout aussitôt que ce sont des métaphores, qui cachent un plaisir spirituel : cela ne touche pas les âmes mondaines, comme si on leur promettait les plaisirs des sens. Je réponds que les âmes les plus plongées dans la matière préfèreront toujours le paradis de l'Evangile à celui de Mahomet, pourvu qu'elles ajoutent foi historiquement à la description béatifique, quand même elles ajouteraient la même foi à l'Alcoran.

Je m'explique par cette supposition. Représentons-nous deux prédicateurs, l'un chrétien et l'autre mahométan, qui prêchent devant des païens; chacun tâche de les attirer à lui par l'étalage des joies du Paradis. Le mahométan promet des festins et de belles femmes, et, pour mieux toucher ses auditeurs, il leur dit qu'en l'autre monde les plaisirs des sens seront cent fois plus délicieux, qu'ils ne le sont dans celui-ci. — Le chrétien déclare que les joies du paradis ne consisteront ni à manger, ni à boire, ni dans l'union des deux sexes; mais qu'elles seront si vives, que l'imagination d'aucun homme n'est capable d'y atteindre, et que tout ce que l'on peut se figurer, en multipliant cent fois, mille fois, cent mille fois, etc. les plaisirs de cette vie, n'est rien en comparaison du bonheur que Dieu communique à l'âme en se faisant voir à elle face à face, etc. — N'est-il pas vrai que les auditeurs les plus impudiques et les plus gourmands, aimeront mieux suivre le prédicateur chrétien que l'autre, quand même on supposerait qu'ils auraient autant de foi aux promesses du mahométan, qu'aux promesses du chrétien? Ils feraient sans doute ce que l'on voit faire à un soldat, qui fait les offres de deux capitaines, dont chacun lève du monde. — Quoi qu'il se persuade qu'ils sont tous deux bien sincères, c'est à dire, qu'ils donneront tout ce qu'ils promettent, il ne laisse pas de s'enrôler sous celui qui offre le plus.

Tout de même ces païens préféreraient le paradis de l'Evangile à celui de Mahomet, quand même ils seraient persuadés que chacun de ces deux prédicateurs ferait trouver à ses disciples la récompense qu'il aurait promise. — Car il ne faut pas s'imaginer qu'un voluptueux aime les plaisirs des sens, uniquement parce qu'ils découlent de cette source : il les aimerait également, s'ils venaient d'ailleurs. — Faites-lui trouver plus de plaisir à brouter l'herbe dans un désert, qu'à manger de bons ragoûts, il quittera de bon cœur les meilleurs repas pour aller brouter l'herbe.

Faites-lui trouver plus de plaisir à examiner un problème géométrique, qu'à jouir d'une belle femme, il quittera volontiers cette belle femme pour ce problème. — Par conséquent on serait déraisonnable, si l'on supposait qu'un Mahométan entraînerait après lui tous les auditeurs voluptueux ; car puisque les hommes de ce caractère n'aiment les plaisirs des sens, que parce qu'ils n'en trouvent point de meilleurs, il est clair qu'ils y renonceraient sans aucune peine, pour jouir d'un bonheur encore plus grand. Que m'importe, diraient-ils, que le paradis des chrétiens ne fournisse pas les plaisirs de la bonne chère, la jouissance des belles femmes, etc., puisqu'il fournit d'autres plaisirs qui surpassent infiniment tout ce que les voluptés de la terre ont de plus sensible.

Je crois donc qu'il ne se faut pas imaginer que les espérances que Mahomet a données du bonheur de l'autre vie, aient attiré à sa secte les chrétiens qui s'y engagèrent. Disons à peu près la même chose à l'égard des juifs, car il paraît par plusieurs psaumes de David, qu'ils se faisaient une idée merveilleuse du bonheur de l'autre vie. Les païens étaient plus aisés à leurrer, parce que leur religion les laissait dans des ténèbres fort épaisses sur le détail des joies du paradis. — Mais ne tient-il qu'à dire aux gens qu'après cette vie ils jouiront des voluptés sensuelles, avec beaucoup plus de satisfaction que dans ce monde? Et qui êtes-vous, eut-on pu demander à Mahomet? De quel droit nous promettez-vous cela? qui vous l'a dit? D'où le savez-vous?

Il faut donc supposer avant toutes choses que Mahomet, indépendamment des promesses de son paradis, s'est établi sur le pied d'un grand prophète; et qu'avant que de se laisser prendre à l'appas de ses voluptés, on a été persuadé qu'il avait une mission céleste pour l'établissement de la vraie foi. — Ainsi les progrès de cette secte n'ont point eu pour cause les promesses d'un paradis sensuel : car ceux qui ne le croyaient pas envoyé de Dieu, ne tenaient nul compte de ses promesses; et ceux qui le croyaient un vrai prophète, n'auraient pas laissé de le suivre, encore qu'il ne leur eût promis qu'un bonheur spirituel dans l'autre monde. — Ne donnons point lieu aux libertins de rétorquer contre l'Evangile cette objection, comme s'il n'avait eu tant d'efficace pour convertir les païens, qu'à cause qu'il leur promettait un paradis, ou une félicité, qui surpasse infiniment tout ce que l'on peut imaginer de délicieux. En particulier abstenons-nous des railleries qui seraient fondées sur l'or, les pierreries, et tels autres ornements du paradis de Mahomet; car vous trouvez de telles choses, et autant d'espèces de pierres précieuses, que dans la boutique d'un fameux joaillier, dans la description que l'Apocalypse nous donne du paradis. Et qu'on ne me dise pas qu'une âme charnelle et brutale croit plutôt les plaisirs grossiers que les plaisirs spirituels ; car s'il y a des choses qui lui paraissent incroyables, c'est principalement la résurrection : de sorte que si Mahomet a pu lui persuader la résurrection, un chrétien lui eût pu persuader les joies spirituelles de l'autre monde.

(*Dictionn.*, art. *Mahomet*, § III.)

Réflexions sur la révolution opérée par Martin Luther.

Qu'un simple moine ait pu frapper sur le papisme un si rude coup qu'il n'en faudrait qu'un semblable pour renverser entièrement l'Eglise romaine, c'est ce qu'on ne saurait assez admirer. Combien d'Etats, combien de peuples, ne porta-t-il pas en très peu de temps à se séparer de Rome? Cela fut représenté sur une tapisserie fort heureusement, quoique d'une manière un peu burlesque. Lisez ce passage ; il est tiré d'une lettre de Costar : « La dernière fois que le roi fut à Châlons, on tendit dans sa chambre une tapisserie fort riche qui venait de la feue reine de Navarre, où étaient représentés Luther et Calvin qui donnaient un lavement au pape, dont le bon prince était tellement ému qu'on le voyait ailleurs travaillé d'un grand dévoiement par en haut et par en bas, se purger de quantité de royaumes et de souverainetés, du Danemark, de la Suède, du duché de Saxe, etc. »

Wicleff, Jean Huss et plusieurs autres avaient entretenu la même chose et n'y avaient pu réussir. C'est, dira-t-on, à cause qu'ils ne furent pas favorisés du concours des circonstances : ils n'avaient pas moins d'habileté, ni moins de mérite que Luther, mais ils entreprirent la guérison de la maladie avant la crise, et Luther au contraire l'attaqua dans un temps critique, lorsqu'elle était parvenue au comble, lorsqu'elle ne pouvait plus empirer, et qu'il fallait, selon le cours de la nature, qu'elle cessât ou qu'elle diminuât; car dès que les choses sont parvenues au plus haut point où elles puissent monter, c'est l'ordinaire qu'elles commencent à descendre. Il eut le même bonheur que ces remèdes que l'on emploie les derniers et qui remportent la gloire de la guérison, parce qu'on les applique quand la maladie a jeté son venin. On ajoutera, si l'on veut, que la concurrence de François Ier et de Charles-Quint fut fatale dans cette affaire. Je répondrai que cela n'empêche pas qu'il n'ait fallu des dons éminents pour produire la révolution que Martin Luther a produite. Il faut avouer que plusieurs choses favorisèrent Luther : les laïques commençaient à s'instruire, tandis que les gens d'Eglise ne voulaient point renoncer à la barbarie, persécutaient les savants et scandalisaient tout le monde par une impudicité effrénée. L'impiété était dans les sanctuaires, et elle y était parvenue à un point d'atrocité, qu'à Rome même, des évêques, au lieu de prononcer les paroles de la consécration, disaient souvent : *tu es pain et tu demeureras pain, tu es vin et tu demeureras vin.* Ajoutez à cela les fautes que fit le papisme dans cette conjoncture, dont la plus grande fut de ne pas ménager assez l'esprit bouillant et entreprenant de Luther que l'on ne connut pas assez tôt. On a eu raison de dire aussi qu'Erasme par ses railleries prépara les voies à Luther.

Le Docteur Simon Fontaine se plaint qu'*Erasme à fait plus de mal que Luther; pour ce que Luther n'a fait qu'élargir l'ouverture de l'huis duquel Erasme avait déjà crocheté la serrure et l'avait entr'ouvert.*

(*Dictionn.*, art. *Luther*. Remarq. A. A.)

Calvin fait brûler Michel Servet à Genève, et publie un ouvrage où il soutient que les magistrats doivent user du glaive contre les hérétiques.

Michel Servet avait des sentiments particuliers peu favorables au mystère de la Trinité. Il les communiqua par lettres à Calvin qui, ne pouvant le convertir, le détesta comme il faisait de tous ceux qui pensaient autrement que lui. Cependant l'apôtre de la Réforme avait employé contre cet antitrinitaire d'abord les raisonnements et puis les injures. Des injures, il passa à la haine théologique, la plus implacable de toutes les haines. Il eut par trahison les feuilles d'un ouvrage que Servet faisait imprimer secrètement; il les envoya à Lyon, par une trahison encore plus insigne, avec les lettres qu'il avait reçues de lui, et son adversaire fut arrêté. Servet s'étant échappé de sa prison, se sauva à Genève par une imprudence inconcevable, à moins qu'il n'ignorât qu'il allait se mettre à la discrétion de son plus mortel ennemi. Calvin en effet fit procéder contre lui avec toute la rigueur possible. A force de presser les juges, d'employer le crédit de ceux qu'il dirigeait, de crier et de faire crier que Dieu demandait le supplice de cet hérétique, il le fit brûler vif à Genève, en 1553. Comme Servet trouvait les preuves de son sentiment dans l'Ecriture, comment des magistrats qui ne reconnaissaient point de juge infaillible du sens de la parole de Dieu pouvaient-ils condamner au feu un homme qui n'avait commis d'autre crime que d'y trouver un sens différent de celui de Calvin ? Dès que chaque particulier est maître d'expliquer l'Ecriture comme il lui plait, sans recourir à un oracle estimé infaillible, c'est une grande injustice que de condamner un homme qui ne veut pas déférer au jugement d'un autre homme qui peut se tromper comme lui. Cependant Calvin osa faire l'apologie de sa conduite envers Servet. On peut dire qu'il le poursuivit au delà du tombeau et qu'il persécuta ses cendres froides.

Après le supplice de ce malheureux médecin, il

publia un livre intitulé : *Fidelis expositio errorum Michaelis Serveti, et brevis eorumdem Refutatio, ubi docetur jure gladii coercendos esse hæreticos :* livre qui fait encore crier terriblement contre son auteur. Calvin tâche d'y rendre la mémoire de Servet à jamais exécrable et entreprend de prouver qu'il faut faire mourir les hérétiques. Cet ouvrage a fourni aux catholiques un argument invincible *ad hominem* contre les protestants, lorsque ceux-ci leur ont reproché de faire mourir les calvinistes en France. Les ministres équitables de la Réforme ont abandonné la doctrine de leur apôtre. Il n'y a guère eu que Jurieu et quelques enthousiastes aussi emportés que lui qui aient prêché la persécution et la haine des hérétiques.

(*Dictionn.*, art. *Calvin.*)

Caractère modéré de Mélanchthon.

... Mélanchthon nous a donné un exemple admirable de cette modération et de cet esprit d'équité. Il est certain que ce docteur ne pouvait s'accommoder de la méthode rigide de Luther et de Calvin sur les matières de la grâce, et l'on alléguerait en vain comme une preuve de son accord avec eux, quant à cet article, les louanges infinies qu'il donnait à ces deux chefs de la Réforme, principalement au dernier. Mais Mélanchthon était un homme sage, charitable, qui croyait qu'on pouvait errer par de bons motifs, et qui savait éviter les mauvaises suites de la préoccupation. Il n'était point d'accord avec Calvin sur le dogme du franc arbitre : mais il était assez équitable pour distinguer l'une de ces deux choses; la doctrine de Calvin telle que lui Mélanchthon l'envisageait, et cette même doctrine telle que l'envisageait son adversaire. Mélanchthon croyait que selon cette doctrine Dieu était l'auteur du péché; mais il savait bien que Calvin ne l'enseignait pas sous cette notion, et qu'en tant que telle, Calvin l'eut jugée abominable. Il n'ignorait pas sous quelle forme elle se montrait à Calvin, et que c'était sous l'apparence d'un système appuyé sur divers passages de l'Ecriture, et tendant à soutenir les droits de la Providence et ceux de l'économie de la nouvelle loi. Il n'ignorait pas que le système du franc arbitre ne se montrait aux yeux de Calvin que sous une forme hideuse, qui le lui faisait paraître comme destructif de la Providence, et formellement opposé aux Epitres de Saint Paul, et à la gloire que Dieu tire du salut de l'homme. Ainsi Mélanchthon, en n'approuvant pas les sentiments de Calvin, ne laissait pas de reconnaître qu'ils pouvaient être fondés sur des motifs très dignes d'un homme de bien et d'un zélé serviteur de Dieu... Ils tendaient au même but, savoir à sauver les attributs de Dieu : mais ils y tendaient par des chemins différents. Devaient-ils cesser pour cela de se reconnaître pour frères ?... Mélanchthon, qui aimait la paix, et qui, par un fond d'équité et de modestie, conservait la pureté de ses lumières, jusqu'au point de découvrir nettement ce qu'il y avait de fort et de faible dans les opinions qu'il admettait et dans celles qu'il rejetait, Mélanchthon, dis-je, avec un tel caractère d'âme se trouvait toujours disposé à rendre justice aux intentions de Calvin.

Voilà ce que tout le monde devrait imiter.

(*Dictionn.*, art. *Synergistes*; rem. B et G.)

Ascendant des Papes sur les Rois.

Innocent XI a témoigné une rigueur si inflexible dans ses démêlés avec Louis XIV, qu'il a convaincu toute la terre que les plus grands princes ne plaident jamais avec avantage contre les papes. La Cour de Rome et celle de France étaient agitées du même esprit de fierté et d'animosité : c'était à qui se vengerait avec plus d'éclat et se porterait les coups les plus sensibles. Mais enfin il a fallu que le monde cédât à l'Eglise. Innocent XI a fait voir que ce n'est pas sans fondement que les papes se qualifient de lieutenants de Dieu sur la terre, de Dieu, dis-je, qui s'est réservé la vengeance, et qui a déclaré que c'est à lui qu'elle appartenait : *mihi vindicta*; notre pontife a soutenu admirablement les droits de ce Vicariat. Je n'adopte point les pensées de ces esprits satiriques, qui prétendent que sur le chapitre de la vengeance les gens du monde sont des novices en comparaison des gens d'Eglise : mais il est certain qu'on n'a guère vu de démêlés entre l'Eglise et le monde, où les papes n'aient eu enfin le dessus, et où l'avantage de se mieux venger ne leur soit demeuré. Innocent XI par la seule exclusion qu'il donna au cardinal de Furstemberg, (il l'empêcha d'être électeur de Cologne), se vengea au centuple de tous les affronts qu'il pouvait avoir reçus. Il ôta au roi de France l'avantage d'être l'arbitre de la paix et de la guerre, et il l'engagea dans une querelle qui le mit aux prises avec toute l'Europe. Selon les conjectures générales, la France devait succomber dans cette guerre. Dites après cela que l'Eglise n'emportera pas la victoire sur le monde en cette occasion. Si Alexandre le Grand avait été catholique, et qu'une contestation se fût élevée entre le Saint-Siège et lui, il aurait eu bien de la peine à faire dire au pontife de Rome, ce qu'il arracha de la bouche de la prêtresse de Delphes : *mon fils, vous êtes invincible.*

(*Dictionn.*, art. *Innocent XI*; rem. F.)

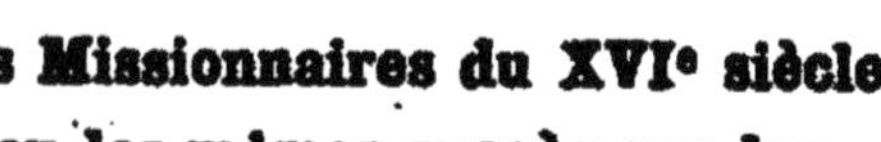

Pourquoi les Missionnaires du XVIe siècle n'ont pas eu les mêmes succès que les Apôtres des premiers temps.

Sans prendre la liberté de rechercher les raisons que la sagesse de Dieu peut avoir de permettre dans un temps ce qu'elle ne permet pas dans un autre, l'on peut dire que le christianisme du XVIe siècle n'a pas eu droit d'espérer la même faveur et la même protection de Dieu, que le christianisme des trois premiers siècles. Celui-ci était une religion bénigne, humble, patiente, qui recommandait aux sujets de se soumettre à leurs souverains, et n'aspirait pas à s'élever sur les trônes par la voie des rébellions. Mais le christianisme, qui fut annoncé aux infidèles au XVIe siècle, n'était plus cela. C'était une religion ambitieuse, sanguinaire, accoutumée au carnage, depuis cinq ou six cents ans. Elle avait contracté une très longue habitude de se maintenir et de s'agrandir, en faisant passer au fil de l'épée tout ce qui lui résistait. Les bûchers, les bourreaux, le tribunal effroyable de l'Inquisition, les croisades, les Bulles qui excitaient les sujets à la révolte, les prédicateurs séditieux, les conspirations, les assassinats des princes étaient les moyens ordinaires qu'elle employait contre ceux qui ne se soumettaient pas à ses ordres. Devait-elle se promettre la bénédiction que le ciel avait accordée à l'Eglise primitive, à l'Evangile de paix, de patience et de douceur?

(*Dictionn.*, art. *Japon*, rem. E.)

Projet de réforme dans les troupes célestes.

Il serait à souhaiter qu'on laissât faire à plusieurs habiles gens ce que le docteur Launoi entreprit dans le dernier siècle; c'est-à-dire qu'on leur permit de chasser du calendrier tous les saints intrus. Les faux saints ne se sont pas moins multipliés que les faux nobles : de sorte que, comme les princes font faire de temps en temps des recherches contre ceux qui usurpent la qualité de gentilhomme, afin de les remettre à la condition roturière, il faudrait aussi que le clergé nommât des commissaires aussi rigides que Boisseau, pour examiner les titres et les lettres de sainteté.

Si les troupes de l'Eglise triomphante passaient en revue devant de bons commissaires on y trouverait beaucoup de passe-volants, non pas parmi les soldats, mais parmi les hauts officiers, je veux dire parmi les saints qu'on invoque. Le calendrier a plus besoin de réforme à cet égard que par rapport à la précession des équinoxes; et au lieu qu'un simple retranchement de dix jours a suffi pour cette dernière réformation, il faudrait, pour faire l'autre, retrancher par centaines et par milliers.

Il y a longtemps que l'année ne peut plus fournir un jour à chaque canonisé : il faut entasser plusieurs saints les uns sur les autres dans les mêmes places, et c'est à présent qu'on peut dire avec Juvénal :

Nec turba deorum
Talis ut est hodie, contentaque sidera paucis
Numinibus, miserum urgebant Atlanta minori
Pondere.

......On ne peut douter que les saints de nouvelle création n'aient vécu sur la terre, et l'on a presque des preuves démonstratives que beaucoup d'anciens canonisés n'ont jamais existé. Un homme d'esprit disait l'autre jour dans une bonne compagnie, que s'il fallait recourir à l'intercession des saints, il choisirait plutôt les nouveaux venus, un Capistron, par exemple, ou un Thomas de Villeneuve, qu'une sainte Catherine ou un saint Alexis.

Un chanoine de Passau, bon prédicateur et professeur en théologie au XVe siècle, a dit dans l'un de ses sermons, que quand même il y aurait autant de fêtes que de minutes dans l'année, elles ne suffiraient pas à donner à chaque saint une place. Durant, évêque de Mende, a observé que plus de cinq mille concourent à chaque jour. L'auteur protestant qui m'apprend ces deux particularités remarque que la fête de tous les saints ne fut établie que pour suppléer au trop petit nombre des jours de l'année et pour prévenir le ressentiment des saints qui n'auraient reçu aucun honneur.

Ceux qui aiment à faire des parallèles satiriques, pourront se souvenir ici de la précaution des Athéniens qui consacrèrent un autel aux dieux inconnus, parce qu'ils craignirent de tomber dans la disgrâce de quelque divinité vindicative dont on aurait négligé le culte. Ils croyaient y avoir été attrapés tout fraîchement : de sorte que pour jouer au plus sûr, ils voulurent rendre leurs hommages aux divinités mêmes qui leur étaient inconnues. C'était le moyen de n'oublier aucun dieu.

(*Dictionn.*, art. *Launoi* (Jean de); rem. G.)

Projet d'imposition très lucratif.

Les partisans, (qu'il me soit permis d'appeler ainsi ceux qui levaient les tributs de la République romaine), firent un procès assez particulier aux prêtres d'Amphiaraüs. Ceux-ci prétendaient que leurs biens étaient privilégiés, et devaient être compris dans la loi qui exemptait de la taille toutes les terres consacrées aux Dieux immortels. Mais les exacteurs soutinrent que les domaines qui appartenaient à Amphiaraüs n'étaient nullement dans le cas de cette loi, parce qu'ils étaient consacrés à un homme mort; et qu'il est visible qu'un homme qui est mort n'est pas du nombre des Dieux immortels. Quoique ce raisonnement, *il est mort, donc il n'est pas un Dieu*, leur fût suggéré par l'avarice, et non par le zèle de la religion, chose que des partisans ne consultent guère, il était pourtant si plausible, qu'il devait leur procurer gain de cause. Je crois néanmoins qu'ils la perdirent. C'est dommage que toutes les pièces de ce procès ne se soient pas conservées. Si on les eût laissé faire, ils auraient mis à la taille la plupart des Dieux, et en rôture une infinité de terres sacrées : car quels titres de divinité ou d'immortalité eût-on pu produire à l'épreuve de leurs exceptions? Que n'eussent-ils pas obtenu au tribunal d'un intendant qui aurait eu ordre de favoriser leurs poursuites? Il ne faudrait que mettre en parti la recherche des faux cultes, pour y voir bientôt une bonne réduction. Mais de tels partisans, où pourraient-ils être en sûreté?

(*Dictionn.*, art. *Amphiaraüs*, rem. L.)

Corruption des peuples de l'Amérique.

[Voici un passage très curieux où Bayle se plaît à étaler la diversité des mœurs humaines, d'où il suit que la morale varie avec les climats. « Vérité en deçà des Pyrénées, erreur au-delà. » Ce passage annonce par plusieurs traits le fameux ouvrage de Diderot intitulé « *Supplément au Voyage de Bougainville.* »]

..... Pierre Cicça, auteur d'une histoire du Pérou, rapporte des détails qui font horreur. Il dit que les grands seigneurs d'un canton, appelé *la Vallée de Nore*, couchaient avec toutes les femmes qu'ils pouvaient enlever; qu'ils nourrissaient avec soin les enfants qu'ils en avaient, et qu'après les avoir bien engraissés, ils les mangeaient à l'âge de douze ou treize ans. C'était pour eux une viande délicieuse. Ils traitaient avec la même inhumanité les hommes qu'ils faisaient esclaves. Ils les mariaient; ils mangeaient les enfants qui venaient de ces mariages, et lorsque les pères n'étaient plus propres à la génération, on les mangeait aussi.

La première fois que les Espagnols entrèrent dans

cette vallée, un seigneur nommé Nabunocho vint les trouver amiablement, accompagné de quelques femmes. La nuit étant venue, deux de ces Américaines s'étendirent tout de leur long sur un tapis, et Nabunocho se coucha sur ces femmes qui lui servaient de matelas : une autre se mit en travers au haut du tapis, pour lui servir d'oreiller : il prit par la main une quatrième qui était très belle, et comme on lui demanda ce qu'il en prétendait faire, il répondit brutalement qu'il avait dessein de la manger, et qu'il se proposait de manger aussi un fils qu'elle avait. Le même écrivain observe que les mœurs n'étaient pas meilleures dans plusieurs autres cantons du Pérou ; qu'on avait perdu jusqu'aux idées de la bienséance et de l'honneur par rapport à la chasteté, et qu'on y jouissait en commun de toutes les femmes.....

..... Les Espagnols les plus débauchés n'avaient jamais vu dans leur pays ce qu'ils virent en Amérique ; je veux dire que les femmes courussent après les hommes avec des transports forcenés, ayant sur elles certaines herbes dont elles frottaient le corps de leurs amants pour augmenter leurs forces. C'est cependant ce qu'ils virent dans le Nouveau Monde, comme Améric Vespuce l'atteste.

...... Voici bien pis. L'historien du Pérou raconte que, dans la province de Carthagène, les hommes regardent la virginité comme un défaut dans une fille : c'est pour cela qu'ils n'en épousent aucune qui n'ait été bien purgée de cette tache par ses parents ou par ses amis......, et de peur de supercherie il faut que cela se fasse en présence de témoins.

Observons en passant que Diodore de Sicile attribue le même goût aux habitants des îles que nous nommons aujourd'hui Majorque et Minorque. Il assure que dans la célébration de leurs mariages, l'époux ne jouissait de sa femme qu'après que tous les parents et tous les amis, qui avaient été priés au festin nuptial, avaient joui d'elle, chacun selon le rang que l'âge lui donnait......

Ce que Cieça observe à l'égard du crime contre nature est affreux : on le pratiquait hautement et publiquement. Il y avait même des temples où on l'exerçait comme un acte de religion; abomination qui ne s'est point vue dans le Paganisme de l'ancienne Grèce, quoique la prostitution des femmes en l'honneur des Dieux y fût assez commune.....

..... Faut-il que l'homme soit sujet à des folies si contradictoires !

Cité par l'abbé *Marsy*,
(t. 1, p. 208 et suiv.)

Réflexions sur le culte de la Sainte Vierge et des Saints. Qu'il y a dans le naturel et le tempérament humain un fond très disposé à faire germer ce culte et à l'accroître prodigieusement.

La vie humaine n'est qu'un théâtre de changement; mais malgré cette inconstance, il y a certaines choses, qui étant une fois introduites, croissent à vue d'œil, et durent pendant plusieurs siècles avec des progrès continuels. C'est ce qu'on ne peut pas dire des innovations qui tendent à réformer les abus publics et à corriger les mauvaises mœurs. Les lois que l'on fait de temps en temps contre le luxe et contre le jeu, n'ont guère de force qu'au commencement : on se donne bientôt la hardiesse de les violer. Les réformations de religion s'établissent quelquefois à durer longtemps par rapport aux dogmes spéculatifs, mais quant à la morale pratique, elles parviennent promptement à leur perfection et au plus haut point de leur crue, et à cela succède un relâchement très rapide et un état corrompu qui demanderait une nouvelle réformation. Les bonnes mœurs des premiers chrétiens, leur sobriété, leur chasteté, leur humilité, etc., eurent leur plus grand éclat pendant la vie des Apôtres, et s'affaiblirent depuis ce temps-là de jour en jour, de sorte qu'au IVe siècle il n'y avait pas une grande différence entre les mœurs des chrétiens, et les mœurs des autres gens. Les Réformés de France au XVIe siècle furent d'abord très bien réglés dans la morale : ils renoncèrent au jeu, au cabaret, aux jurements, à la danse, etc. Les statuts militaires que le prince de Condé fit observer au commencement des guerres civiles, sous Charles IX, furent admirables. Les soldats étaient obligés de vivre dans la dernière régularité, et l'on punissait sévèrement leurs moindres fautes;

mais toutes ces belles choses durèrent peu, et ressemblèrent à ces enfants qui meurent dans le berceau, ou à ces plantes qui croissent prodigieusement en peu de jours et qui sont sèches et mortes avant la fin de l'été. Il vaudrait mieux croître peu à peu à la manière des arbres qui doivent vivre longtemps. On donne sans peine la raison pourquoi une discipline rigide et une grande réformation de mœurs est un feu de paille qui acquiert bientôt et qui perd bientôt toute sa force; c'est que l'attachement à la modestie, à la tempérance, à l'austérité, est un état violent : or, selon la maxime des philosophes, un tel état ne peut être de durée, *nullum violentum durabile*. Ils entendent par *un état violent*, un état contraire aux inclinations de la nature, un lieu d'exil, une force externe et majeure qui fait qu'un corps n'est plus dans son élément, mais qui ne peut pas empêcher qu'il ne tende à y revenir, et qu'il ne combatte cette force externe, et ne l'affaiblisse à chaque moment, de sorte qu'il la surmonte bientôt, et se meut ensuite vers le lieu que sa pente naturelle lui fait souhaiter. Les corps pesants qu'on éloigne de la terre et qui retombent dès que l'impulsion qui les en avait éloignés a moins de force que la pesanteur intérieure de ces corps, est l'exemple dont les philosophes se servent pour expliquer cette doctrine. Nous pouvons donc comparer la réformation des mœurs à l'impulsion qui fait monter une pierre.

Les passions, que la nature a données au genre humain, combattent incessamment la pratique de la morale sévère, et sont un poids qui ramène bientôt les hommes à leur première condition, si quelque retour de zèle, si quelque réforme les a élancés vers le ciel.

Quand la fourche à la main nature on chasserait,
Nature cependant toujours retournerait.

D'où il faut conclure que l'innovation introduite dans le christianisme, quand on y a établi le culte de la Sainte Vierge, trois ou quatre cents ans plus ou moins après l'ascension de Jésus-Christ, a été favorisée par les dispositions naturelles et machinales de l'homme, puisqu'elle a fait des progrès continuels et prodigieux et qu'elle subsiste encore aujourd'hui avec tout autant de force qu'elle en ait jamais eu; on ne comprend pas que si elle n'avait point trouvé de très grandes convenances dans les passions humaines, elle eût pu tant prospérer, destituée qu'elle était de l'appui de l'Ecriture, et de la bonne tradition. C'est ce qui a mû quelques curieux à rechercher quelles peuvent être ces modifications naturelles de l'âme de l'homme, qui ont fomenté l'innovation dont il s'agit, et voici les résultats de leurs recherches.

En matière de religion, il n'y a rien qui s'ajuste mieux avec le génie grossier des peuples, que de leur représenter le ciel comme semblable à la terre; c'est par là que les fantaisies et les caprices des poètes sur le mariage des Dieux, sur leurs conseils, sur leurs divisions, sur leurs intrigues passèrent si aisément pour des articles de foi parmi les Grecs et ensuite parmi les Romains. On ne pouvait pas élever l'homme jusques aux Dieux, on abaissa ceux-ci jusques à l'homme, et l'on forma par ce moyen le point de rencontre et le centre d'unité.

Si l'on eût dit que Dieu gouvernait le monde par des simples actes de sa volonté, et qu'il était seul dans le ciel, on n'eût pas pu satisfaire l'imagination des peuples : ils n'ont point d'exemple d'une telle chose. Mais dites-leur qu'un Dieu assisté de plusieurs autres divinités gouverne le monde, et que sa cour dans le ciel est magnifique, pompeuse, que chacun y a sa charge, et ne souffre point que d'autres empiètent sur son emploi, vous persuadez cela aisément, parce que l'esprit de l'homme est imbu d'idées semblables, empruntées de ce qui se voit tous les jours au gouvernement des Etats et à la cour des grands rois. Une telle cour n'est point sans femme; on y voit une reine-mère, une reine régnante dont le crédit est aussi grand que celui du roi. Ainsi les peuples adoptèrent facilement ce qu'on leur disait de Cybèle et de Junon; et parce qu'entre les hommes l'autorité d'une reine douairière est ordinairement plus petite que celle d'une reine régnante, de là vient que le culte de Cybèle, mère des Dieux, fut moindre que celui de Junon, sœur et femme de Jupiter. Cette femme de Jupiter avait une infinité de temples, les uns sous un titre et les autres sous un autre. Il ne s'en faut pas étonner : on la considérait comme la reine du monde et comme une reine qui se mêlait du gouvernement; et d'ailleurs c'est la coutume de rendre ses respects aux dames avec plus de soin et avec plus d'apparat qu'aux hommes de même condition.

C'est par des semblables préjugés que l'on a persuadé si aisément aux chrétiens, sans aucun exemple, ni ordre, ni permission de l'Ecriture, sans aucune autorité de la tradition des premiers siècles, que les saints du paradis sont perpétuellement occupés aux fonctions de médiateurs entre Dieu et nous. On voit dans les cours des princes, et à proportion dans celle des gouverneurs et des intendants, que rien ne se fait sans la recommandation d'un favori ou d'un secrétaire d'Etat, ou d'un maître d'hôtel, ou d'une demoiselle suivante, etc... On voit échouer cent fois ceux qui négligent les intercesseurs, et qui se hasardent d'aller tout droit à la source : et il est absolument nécessaire de se choisir quelques patrons subalternes. Rien n'a plus contribué que cela à faire passer en coutume le culte des Saints; toutes les raisons d'un controversiste protestant ont bien de la peine à frapper un huguenot, autant qu'un homme de cour, et en général tous ceux qui savent un peu le manège de la vie sont frappés du parallèle qu'ils entendent faire à leur curé entre la médiation des saints et la recommandation des officiers d'un grand prince. Les notions populaires s'accommodent extrêmement d'une cour céleste, où les anges, les apôtres, les martyrs, soient perpétuellement occupés à recommander à Dieu les affaires de la terre, à solliciter l'expédition d'un arrêt, à faire souvenir de ceci ou de cela, comme l'on fait à la cour des princes.

Mais pendant que vous ne mettez au ciel que les anges, et que les saints, solliciteurs et médiateurs, vous ne remplissez pas les idées populaires. Elles demandent une reine aussitôt qu'un roi; une cour sans femme est quelque chose d'absurde, le goût naturel y trouve des irrégularités choquantes. Il était donc de l'ordre que les peuples applaudissent à la nouvelle invention d'une mère de Jésus-Christ établie dans le ciel, reine des hommes et des anges, et de toute la nature. Cette hypothèse remplissait le vide qui paraissait auparavant dans la cour céleste, et en corrigeait toute l'irrégularité. La conséquence de cela devrait être, que la dévotion des peuples s'échauffât très promptement pour cette nouvelle reine toute puissante et toute miséricordieuse....... Ne nous étonnons pas que les honneurs qu'on lui a rendus surpassent ceux que les païens rendirent à Junon; car Junon ne réunissait pas en sa présence la dignité de reine mère et de reine régnante; et d'ailleurs elle passait pour fière, pour chagrine, pour vindicative, au lieu que la Sainte Vierge était tout ensemble la reine mère et la reine épouse, exempte de tout défaut, et remplie d'une bonté ineffable. On sait assez que les courtisans se refroidissent et se rebutent quand une reine a trop d'orgueil, et trop de soin de punir. Voilà pourquoi Junon ne devait pas avoir tant d'adorateurs, que si l'on eût été persuadé qu'elle n'aimait qu'à faire du bien. Mon lecteur se représente déjà l'empressement qu'eurent les peuples à contribuer à la constructions des chapelles et des autels de la Sainte Vierge, et à lui offrir des pierreries et des ornements de toute espèce, car, selon les idées populaires, ce sont des choses qui plaisent aux femmes, et c'est par là que dans le monde on parvient à leur faveur. Or voici une nouvelle machine que ces libéralités et ces offrandes ont fait fabriquer.

Les moines et les curés, s'étant aperçus que la dévotion pour la Sainte Vierge était un grand revenu à leurs cloîtres et à leurs églises, et qu'elle croissait à proportion que les peuples se persuadaient plus fortement le crédit et la bonté de cette reine du monde, travaillèrent avec toute leur industrie à augmenter l'idée de ce crédit, et de cette inclination bienfaisante. Les prédicateurs se servirent de toutes les hyperboles, et de toutes les figures que la rhétorique peut fournir. Les légendaires ramassèrent toutes sortes de miracles : les poètes se mirent de la partie; on établit des prix annuels pour ceux qui feraient un plus beau poème à la louange de la mère de Dieu. Ce qui fut d'abord une saillie d'orateur, ou un enthousiasme de poëte, devint ensuite un aphorisme de dévotion. Les professeurs en théologie empaumèrent ces matières, et ne furent pas ceux qui les dépravèrent le moins. La coutume vint que dans les maladies désespérées et dans tous les autres dangers qui semblaient inévitables, on fit des vœux à Notre-Dame d'un tel et d'un tel lieu, comme aussi lorsqu'on souhaitait des enfants ou quelque autre bien....... Les vœux dont je parle sont un merveilleux artifice; car s'ils ne délivrent pas, on a cent échappatoires, comme, qu'ils n'avaient pas été faits avec une foi assez fervente, etc... On ne tient pas de registre de ces mauvais succès; on n'y laisse point faire attention. Si le malade guérit si les femmes stériles deviennent grosses, on attribue cela aux vœux; la liste des miracles s'en trouve chargée à la nouvelle édition; les offrandes se multiplient; la dévotion se répand de plus en plus. Nous avons appris depuis peu par les gazettes, que le roi d'Espagne, qui fut à deux doigts de la mort vers la fin du mois de septembre 1700, réchappa de ce péril; et parce qu'on lui avait apporté entre autres objets de dévotion une image de Notre-Dame de Beelen, qui n'est en vogue que depuis peu de temps, on attribuait à l'efficace de cette image sa convalescence. S'il ne fût pas retombé quelques semaines après, et d'une manière qui l'a fait cesser de vivre le premier de novembre suivant, cette Notre-

Dame eût acquis une telle réputation, qu'elle eût effacé les autres.......

Quoi qu'il en soit, le culte de la Sainte Vierge est monté à des excès si énormes, et s'y maintient si hautement que les Jansénistes, qui ont voulu donner des avis sur ce sujet, n'y ont rien gagné...... Le vrai moyen d'arrêter le mal serait d'interdire les panégyriques, et ordonner que les dévôts, qui voudraient marquer leur reconnaissance par des libéralités, les envoyassent, non pas aux chapelles de la Sainte Vierge, mais aux hôpitaux. Un prédicateur n'ignore pas que ses auditeurs ont assisté plusieurs fois aux panégyriques de Notre-Dame, et qu'ils ont lu les plus beaux sermons qui aient paru sur cette matière. S'il veut donc se faire écouter et admirer, il faut qu'il invente quelque trait nouveau, qu'il enchérisse sur tout ce qui a déjà été dit : et voilà une source d'illusions. Le principal serait de défendre sous peine de simonie à ceux qui desservent les autels privilégiés, et qui président au culte, de recevoir ni sou ni maille d'aucun dévôt. On ferait tarir par là les sources des légendaires et des sermonnaires et des prétendus miracles. Mais ce chemin-là n'est-il pas impraticable? *Hic opus, hic labor est.*

Cité par Marsy, *Analyse de Bayle* (t. V, p. 172-190.)

Commodités que les prêtres et les moines ont de se divertir avec les femmes.

Il est certain que les moines et les prêtres ont de grandes commodités pour se bien mettre dans l'esprit du sexe. Premièrement, ils connaissent par le moyen des confessions les besoins et les nécessités de la nature, les pensées impures qui s'élèvent dans l'imagination, certains menus plaisirs que l'on se donne en secret, et tout ce en général que l'incontinence fait faire ou souffrir. Ils sont si adroits et si curieux à questionner leurs pénitentes, qu'il n'y a si petite tentation qu'ils ne leur fassent avouer, avec les circonstances des temps, des lieux, des personnes et des manières. Et c'est sans doute la raison pourquoi les femmes sont plus longtemps à confesse que les hommes; ce qui n'arriverait pas, si les confesseurs étaient des femmes; car alors, comme le dit un jour fort agréablement un roi d'Espagne, ce ne serait pas les hommes qui seraient le plus tôt expédiés. Or qui doute qu'un homme qui connaît si particulièrement les inclinations et les actions les plus secrètes des femmes ne soit plus propre qu'un autre à les faire condescendre à ses désirs déréglés?

Outre cela, ces Messieurs ont des adresses merveilleuses pour s'impatroniser dans les familles. Ils trouvent les bonnes gens persuadés que leurs visites fréquentes répandent la bénédiction du ciel sur une maison : ils profitent d'une prévention si favorable, et par ce moyen le sexe se familiarise avec eux sans qu'on y trouve à redire, parce que ces longs entretiens que l'on a avec eux, ces tête-à-tête si fréquents, peuvent passer pour des consultations sur quelques cas de conscience, et sur les moyens de se corriger de ses mauvaises habitudes. Ne doutez pas que la nature ne songe à elle dans ces occasions. Ceux qui sont un peu difficiles sur ce chapitre et qui connaissent bien les moines et les curés, n'augurent rien de bon de tous ces commerces.

De plus, combien y a-t-il de bonnes femmes qui, craignant l'indiscrétion d'un jeune éventé qui serait bien fâché que l'on doutât dans le monde du succès de ses galanteries, sont des Lucrèces à son égard, tandis qu'elles ne refusent rien à Monsieur le curé, au Révérend Père celui-ci, au très-Révérend Père celui-là, que la bienséance oblige à se taire?

Combien d'autres préfèrent les caresses amoureuses de ces Messieurs à celles d'un homme du monde, par la raison qu'elles se persuadent que les hommes du monde, n'ayant point de mesures à garder, s'épuisent et s'énervent dans le fréquent usage des plaisirs, et que les autres, n'ayant pas toujours l'occasion en main, sont toujours frais, vigoureux, et bien affamés. De quelque cause que cela vienne, un homme sorti de chez les Jésuites nous assure que s'il osait nommer les grandes dames, aussi bien qu'il nomme par leur nom et surnom ceux de cet ordre qui ont eu des aventures galantes, il ferait trembler les gentilshommes, frémir les présidents, rougir les conseillers, blémir les avocats, pâlir même les trésoriers et des gouverneurs de places frontières; mais, dit-il, il faut ici faire par discrétion comme les Perses dans leurs cérémonies, mettre le doigt sur la bouche, et admirer ces indicibles mystères.....

..... Enfin, puisqu'il faut tout dire, la multitude des couvents de religieuses, où il y a tant de filles dévorées par les flammes de l'incontinence, et où les gens d'Eglise ont toujours eu l'adresse de s'insinuer, nous persuadent que les vœux du célibat favorisent fort les entreprises amoureuses, principalement lorsque la discipline est aussi relâchée qu'elle l'est à présent. Aussi la plupart des filles aiment mieux un cloître qu'un mari, en Espagne et en Italie, parce que la garde sévère d'un mari jaloux y est plus difficile à tromper que celle d'une supérieure, *quae non ignara mali miseris succurrere discit*. Nos Français qui ont voyagé dans ce pays-là, étourdissent le monde du récit de leurs aventures galantes avec des nonnains, et se louent extrêmement de leur courtoisie. Ce ne sont pourtant point les cavaliers qui font le mieux leurs affaires avec ces charitables recluses : ce sont les moines et les ecclésiastiques par tout pays.

Leur célibat est mille fois plus doux que le mariage pour des gens nés voluptueux. Car ceux qui sont possédés par l'esprit de libertinage ne trouveraient rien de plus incommode que d'être obligés de fixer leurs amours à un seul objet; mais rien de plus doux que d'aller de belle en belle et de se divertir tantôt avec la femme de son voisin, tantôt avec celle de son ami, tantôt dans un cloître avec les chastes épouses du Seigneur.

Jouir de la femme ou de la fille d'autrui, c'est plaisir tout pur, c'est voir toujours le sexe par son beau côté : s'embarrasser dans le mariage, c'est acheter bien cher le plaisir de la jouissance : c'est pour un plaisir mille douleurs. Il faut essuyer tous les chagrins de sa compagne. Les soucis et les querelles domestiques, le soin des enfants et mille autres choses de cette nature, empoisonnent le peu de bien qu'on y peut goûter.

Voilà comment les prêtres et les moines savent tirer parti de leur état. De là est venu ce proverbe milanais, *veux-tu te damner, fais-toi prêtre*. C'est ce qui faisait dire à Polydore Virgile, en parlant du célibat des prêtres : « Tant s'en faut que cette chasteté forcée ait surpassé celle des gens mariés, qu'il n'y a point de vice qui ait causé plus de honte au clergé, plus de mal à la religion, et plus de chagrin aux bonnes âmes, que l'impudicité des prêtres. C'est pourquoi il serait peut-être également à souhaiter et pour le bien de la République et pour celui des ecclésiastiques, qu'enfin on leur restituât le droit de contracter le mariage, dont il leur serait plus aisé d'observer les lois sans infamie, que de ne se point souiller dans le célibat. »

Critiq. de l'Hist. du Calvinisme.
(1re part., let. IX, p. 39.)

Sur la religion.

Réflexions sur les guerres sacrées du XVIe siècle.

On ne peut lire sans horreur l'histoire de nos guerres sacrées du XVIe siècle : siècle abominable, et auprès duquel la génération présente pourrait passer pour un siècle d'or, quelque éloignée qu'elle soit de la véritable vertu. Pour l'honneur du nom français et du nom chrétien, il serait à souhaiter que la mémoire de toutes ces inhumanités eût été d'abord abolie, et qu'on eût jeté au feu tous les livres qui en parlent. Ceux qui semblent trouver mauvais que l'on fasse des histoires, parce qu'elles ne servent, disent-ils, qu'à apprendre aux lecteurs toutes sortes de crimes, ont raison en quelque manière par rapport aux annales qui traitent des guerres de religion. On n'y voit que saccagements, que profanations, que massacres, qu'autels renversés, qu'assassinats, que parjures, que fureur. Mais, comme toutes choses ont deux faces, on peut à certains égards se consoler de ce que la mémoire de ces effroyables désordres s'est conservée. Trois sor-

:tes de gens auraient besoin de consulter chaque jour ces monuments historiques, et de s'en faire un sujet ordinaire de méditation. Ceux qui gouvernent se devraient faire dire tous les matins par un page : « *Ne tourmentez personne sur ses opinions de religion, et n'étendez pas le droit du glaive sur la conscience. Voyez ce que Charles IX et son successeur y gagnèrent, c'est un vrai miracle que la monarchie française n'ait pas péri par leur catholicité. Il n'arrivera pas tous les jours de tels miracles : ne vous y fiez point. On ne voulut pas laisser en repos l'édit de janvier, et il fallut, après plus de trente ans de désolation, après mille et mille torrents de sang répandus, après mille trahisons, mille incendies, accorder un édit plus favorable.* »

Ceux qui conduisent les affaires ecclésiastiques sont la seconde espèce de gens qui doivent méditer profondément sur les désordres du XVIe siècle. Quand on leur parle de *Tolérance*, ils croient entendre le plus affreux et le plus monstrueux de tous les dogmes; et afin d'intéresser dans leurs passions le bras séculier, ils crient que c'est ôter aux magistrats le plus beau fleuron de leur couronne, que de ne leur pas permettre pour le moins d'emprisonner et de bannir les hérétiques. Mais s'ils examinaient bien ce qu'on peut craindre d'une guerre de religion, ils seraient plus modérés. « *Vous ne voulez pas*, peut-on leur dire, *que cette secte prie Dieu à sa mode, ni qu'elle prêche ses sentiments : mais prenez garde, si l'on en vient aux épées tirées, qu'au lieu de parler et d'écrire contre vos dogmes, elle ne renverse vos temples, et ne mette vos propres personnes en danger. Que gagnâtes-vous en France et en Hollande en conseillant la persécution? Ne vous fiez point à votre grand nombre : vos souverains ont des voisins, et par conséquent vos sectaires ne manqueront ni de protecteurs, ni d'assistance, fussent-ils Turcs.* »

Enfin, que ces théologiens remuants, qui prennent tant de plaisir à innover, jettent continuellement la vue sur nos guerres sacrées. Les réformateurs en furent la cause : on doit les excuser, s'ils étaient bien persuadés de l'indispensable nécessité de cette réforme, et s'il n'y avait point de milieu entre laisser damner tous les hommes, ou les convertir au protestantisme. Dans ce principe, nulle considération ne devait les arrêter. Mais que des gens qui sont persuadés qu'une erreur ne damne pas, ne respectent point la possession, et qu'ils aiment mieux troubler le repos public que supprimer leurs idées particulières, c'est ce qu'on ne peut assez détester. Qu'ils considèrent donc les suites de leurs innovations, et s'ils peuvent s'y embarquer sans une absolue nécessité, ils faut qu'ils aient une âme de tigre, et plus de bronze autour du cœur, que celui qui hasarda le premier sa vie sur un frêle vaisseau.

(*Dictionn.*, art. *Mâcon*, rem. C.)

III

BAYLE ET LA TOLÉRANCE

Impossibilité d'arriver à découvrir la vérité absolue, — Respect des droits de la conscience errante.

..... Il est impossible, dans l'état où nous nous trouvons, de connaître certainement que la vérité qui nous paraît (je parle des vérités particulières de la Religion, et non pas des propriétés des nombres, ou des premiers principes de métaphysique, ou des démonstrations de géométrie) est la vérité absolue; car tout ce que nous pouvons faire est d'être pleinement convaincus que nous tenons la vérité absolue, que nous ne nous trompons point, que ce sont les autres qui se trompent, toutes marques équivoques de vérité, puisqu'elles se trouvent dans les païens et dans les hérétiques les plus perdus. Il est donc certain que nous ne saurions discerner à aucune marque assurée ce qui est effectivement vérité quand nous le croyons, de ce qui ne l'est pas lorsque nous le croyons. Ce n'est point par l'évidence que nous pouvons faire ce discernement; car tout le monde dit au contraire que les vérités que Dieu nous révèle dans sa parole, sont des mystères profonds qui demandent que l'on captive son entendement à l'obéissance de la Foi. Ce n'est point par l'incompréhensibilité, car qu'y a-t-il de plus faux et de plus incompréhensible tout ensemble qu'un cercle carré, qu'un premier principe essentiellement méchant, qu'un Dieu père par la génération charnelle, comme le Jupiter du paganisme? Ce n'est point par la satisfaction de la conscience, car un Papiste est aussi satisfait de sa religion, un Turc de la sienne, un Juif de la sienne, que nous de la nôtre. Ce n'est point par le courage et par le zèle qu'une opinion inspire, car les plus fausses religions ont leurs martyrs, leurs austérités incroyables, un esprit de faire des prosélytes qui surpasse bien souvent la charité des orthodoxes, et un attachement extrême pour leurs cérémonies superstitieuses. Rien en un mot ne peut caractériser à un homme la persuasion de la vérité, et la persuasion du mensonge. Ainsi, c'est lui demander plus qu'il ne peut faire, que de vouloir qu'il fasse ce discernement. Tout ce qu'il peut faire, c'est que certains objets qu'il examine lui paraissent faux et d'autres vrais.

Il faut donc lui commander qu'il tâche de faire que ceux qui sont vrais le lui paraissent; mais, soit qu'il en vienne à bout, soit que ceux qui sont faux lui paraissent vrais, qu'il suive après cela sa persuasion.

..... Cette considération, si on la pesait mûrement et si on la méditait profondément, nous ferait connaître sans doute la vérité de ce qui je prétends établir ici : c'est que, dans la condition où se trouve l'homme, Dieu se contente d'exiger de lui qu'il cherche la vérité le plus soigneusement qu'il pourra, et que, croyant l'avoir trouvée, il l'aime et y règle sa vie. Ce qui, comme chacun voit, est une preuve que nous sommes obligés d'avoir les mêmes égards pour la vérité putative que pour la vérité réelle. Et dès lors, toutes les objections que l'on fait sur la difficulté de l'examen disparaissent comme de vains fantômes, puisqu'il est certain qu'il est de la portée de chaque particulier, quelque simple qu'il soit, de donner un sens à ce qu'il lit, ou à ce qu'on lui dit, et de sentir que ce sens est véritable ; et voilà sa vérité à lui toute trouvée. Il suffit à un chacun qu'il consulte sincèrement et de bonne foi les lumières que Dieu lui donne, et que, suivant cela, il s'attache à l'idée qui lui semble la plus raisonnable et la plus conforme à la volonté de Dieu. Il est moyennant cela orthodoxe à l'égard de Dieu, quoique, par un défaut qu'il ne saurait éviter, ses pensées ne soient pas une fidèle image de la réalité des choses, tout de même qu'un enfant est orthodoxe, en prenant pour son père le mari de sa mère, duquel il n'est point fils. Le principal est ensuite d'agir vertueusement ; et ainsi chacun doit employer toutes ses forces à honorer Dieu par une prompte obéissance à la morale. A cet égard, c'est-à-dire à l'égard de la connaissance de nos devoirs pour les mœurs, la lumière révélée est si claire, que peu de gens s'y trompent, quand de bonne foi ils cherchent ce qui en est.

..... D'où je conclus que l'ignorance de bonne foi disculpe dans les cas les plus criminels, comme le vol et l'adultère, et qu'ainsi partout ailleurs elle disculpe, de sorte qu'un hérétique de bonne foi, un infidèle même de bonne foi, ne sera puni de Dieu qu'à cause des mauvaises actions qu'il aura faites, croyant qu'elles étaient mauvaises. Pour celles qu'il aura faites en conscience, je dis par une conscience qu'il n'aura pas lui-même aveuglée malicieusement, je ne saurais me persuader qu'elles soient un crime.

..... Selon les idées que nous pouvons nous former d'un homme le plus achevé en sagesse et en justice, nous concevons que si, ayant laissé à ses domestiques un ordre en partant pour un long voyage, il trouvait à son retour qu'ils l'entendaient différemment, et que, pendant qu'ils étaient d'un accord très unanime à soutenir que la volonté de leur maître est l'unique règle qu'ils doivent suivre, ils disputent seulement quelle est cette volonté, il prononcerait qu'ils étaient tous également respectueux pour ses ordres ; mais que les uns avaient plus d'esprit que les autres, pour entendre le sens légitime d'un discours. Il est certain que nous concevons clairement et distinctement qu'il ne prononcerait que cela ; donc la Raison veut que nous concevions que Dieu prononce la même chose d'un orthodoxe et d'un hérétique de bonne foi.....

Commentaire philosophique (2e part. chap. X).
(Œuvres div., t. II, p. 437, 438, 442, 443.)

Ce que c'est que la France toute catholique sous le règne de Louis le Grand.

[Cet opuscule célèbre a la forme d'une lettre supposée écrite de Londres à M. l'abbé de***, chanoine de Notre-Dame de***].

Souffrez, Monsieur, que j'interrompe pour un petit quart d'heure vos cris de joie, et les félicitations que l'on vous écrit de toutes parts, pour l'entière ruine de l'hérésie. Vous avez été pour le moins un demi-convertisseur; vous êtes prêtre; vous croyez avoir du zèle; vous faites le courtisan; ainsi je crois que vous ne parlez d'autre chose que des triomphes que votre Église a remportés, et tous vos amis sans doute vous en témoignent leur joie, ou de vive voix, ou par écrit. Je viens vous tenir un autre langage, que vous trouverez apparemment un peu rude; mais que faire à cela? Une petite mortification vous serait fort nécessaire, et vous la méritez si bien tous tant que vous êtes, qu'on vous fait justice de vous dire vos vérités les plus fâcheuses sans compliment.

Il est donc vrai, Monsieur, que vous êtes à présent en France tous catholiques. Si on savait la force et la signification présente de ce mot-là, on n'envierait pas à *la France, d'être toute catholique sous le règne de Louis le Grand,* car il y a si lontemps que ceux qui se sont donné ce nom par excellence tiennent une conduite qui fait horreur, qu'un honnête homme devrait regarder comme une injure d'être appelé catholique; et après ce que vous venez de faire dans le royaume très chrétien, ce devrait être désormais la même chose que de dire la religion catholique, et de dire la religion des malhonnêtes gens. Je consens donc, Monsieur, que vous vous vantiez que la France est aujourd'hui toute catholique; car selon la véritable signification que doit avoir ce mot-là, jamais royaume n'a mieux mérité ce titre. Je ne parlerai point de ceux qui étaient de la religion avant les derniers désordres, et qui, pour conserver leurs biens, ou pour n'être plus exposés à l'insolence du soldat, ont fait semblant de nous quitter.

On doit excuser la faiblesse de quelques-uns; mais il y en a d'autres qui ne valent rien, et qui seraient à peine dignes d'être reçus dans la basse société; il sont néanmoins trop bons pour l'Église qu'ils ont choisie, et quand ils ne seraient que de grands fourbes, ils auraient des titres suffisants de naturalité et de noblesse, pour entrer dans un si beau corps. Mais ne parlons pas de ceux-là, parlons de ceux qui sont catholiques de naissance.

..... Se peut-il bien faire que parmi une si grande multitude de gens, il n'y ait pas eu un honnête homme? Oui, cela se peut, puisque cela est; car dites-moi, je vous prie, où est le juge parmi cette multitude effroyable de gens, assis sur les fleurs de lis, qui n'ait lâchement accordé son ministère à toutes les basses et indignes chicaneries, et à toutes les obliquités déloyales dont on a persécuté ceux de la religion pendant vingt ans? Où est le prélat, où est le curé, où le prêtre, où le moine parmi ces légions innombrables de gens d'Église qui fourmillent dans le royaume, qui n'ait été le premier ressort de ces honteuses procédures, ou qui ne les ait louées, approuvées, ou souhaitées? Où est l'homme de cour qui n'ait dit *Amen* à tout cela? Où le bourgeois et le paysan, qui n'ait vu avec une maligne joie les progrès de ces chicanes? Et quand enfin on a été las de la chicane, et qu'on s'est résolu d'en venir à la violence et aux logements de dragons, s'est-il trouvé un seul catholique d'épée, de robe, de froc, ou de tonsure, qui ait témoigné qu'il désapprouvait cette barbare manière de convertir? Vous avez donc été tous les complices de ces crimes? Ceux qui ne les ont pas commis les ont conseillés ou loués ou du moins ne les ont pas désapprouvés et ont eu de la joie de les voir commettre. Ainsi vous avez tous été, sans en excepter un seul, de très malhonnêtes gens. Mais parmi tous ces coupables, je n'en trouve pas de plus criminels que ceux de votre ordre, puisque leurs continuelles sollicitations, leurs harangues, leurs panégyriques, leurs députations en corps, leurs basses flatteries, ont été une huile continuelle qui a nourri le feu de la persécution chicaneuse, et qui a enfin allumé la persécution dragonne.

:... N'est-ce pas un ridicule qu'on ne saurait

assez déplorer, que votre prétendu zèle? Il faut qu'une infinité d'honnêtes gens, qui craignent et qui servent Dieu selon sa parole, se voient chassés de leurs maisons et de leurs biens, tourmentés en leurs corps, séparés de leurs femmes, de leurs enfants, et de leurs amis, le jouet d'un détachement de dragons insolents, et que ceux qui leur causent ces désordres, leur viennent dire que c'est par le zèle qu'on a de la gloire de Dieu et de leur salut. Eh, malheureux que vous êtes, si vous avez tant de zèle pour le salut des autres, que n'en avez-vous pour vous-mêmes? Pourquoi vivez-vous si mal? Pourquoi êtes-vous le scandale de tout le peuple par vos impudicités et par vos mondanités? Pourquoi employez-vous les biens qui ont été donnés si mal à propos à l'Eglise, mais néanmoins avec de très bonnes intentions, à mener une vie molle, efféminée, dans le luxe, dans la bonne chère; carrosses, équipages, toujours à Versailles, concerts, festins, etc.? Pourquoi faut-il que, plus vous êtes plongés dans ces profanes et vilains engagements, plus vous persécutiez les autres religions? Est-ce pour expier vos crimes? Mais c'est en cela que parait l'aveuglement ridicule de votre esprit; c'est là le fin et le précis de votre risible et de votre comique. Quoi qu'il en soit, c'est là le fait. On se consolerait, si la persécution nous était livrée par des gens d'une morale rigide, par des anachorètes de la Thébaïde, par un abbé de la Trappe, par exemple; car nous pourrions croire qu'il y aurait quelque chose de sérieux, et quelque bon motif intérieur dans cette conduite : mais que des prélats efféminés et superbes, que des intendants voluptueux, que des courtisans pourris de crimes, que des courtisanes, se rendent les promoteurs de nos maux, et y emploient des dragons, qui, pour être bons, doivent être, selon vos propres poètes, *un anathème, sans Dieu, sans foi, sans chrême et sans baptême*, en vérité, l'on ne saurait en revenir! C'est une comédie de votre part, et une tragédie pour nous qui souffrons, et il résulte de tout cela quelque chose de fort fâcheux, et en même temps de fort bourru (p. 347).

.....Mais ce n'est pas d'aujourd'hui que le clergé a été le poison des cours. Depuis que les princes, amorcés par les louanges immodérées des gens de votre caractère, et enchaînés par leurs beaux discours captieux et insidieux, les ont fait regorger de biens, et leur ont donné entrée familière dans leur Palais, ils y ont fait plus de mal que les courtisans, et c'est par là que s'est introduit l'esprit de persécution qui a fait tant de ravages, et qui finalement a converti le christianisme en Eglise romaine, c'est-à-dire en Eglise meurtrière et menteuse. Ne vous en déplaise, Messieurs les clercs, c'est vous qui, les premiers de tous, avez ruiné la religion, de laquelle vous deviez être le soutien et la colonne. (*Ibid.*, p. 348.)

..... Quoique, humainement parlant, vous ne méritiez pas qu'on vous plaigne, je ne laisse pas de vous plaindre de vous voir dans une si furieuse disproportion de l'esprit du christianisme. Mais je plains encore davantage le christianisme que vous avez rendu *puant*, pour me servir de l'expression de l'Écriture, auprès des autres religions. Il n'y a rien de plus vrai que le nom chrétien est devenu justement odieux aux infidèles, depuis qu'ils savent ce que vous valez. Vous avez été, pendant plusieurs siècles, la partie la plus visible du christianisme; ainsi c'est par vous qu'on a dû juger du tout. Or, quel jugement peut-on faire du christianisme, si on se règle sur votre conduite? Ne doit-on pas croire que c'est une religion qui aime le sang, et le carnage; qui veut violenter le corps et l'âme; qui, pour établir sa tyrannie sur les consciences, et faire des fourbes et des hypocrites, en cas qu'elle n'ait pas l'adresse de persuader ce qu'elle veut, met tout en usage, mensonges, faux serments, dragons, juges iniques, chicaneurs et solliciteurs de méchants procès, faux témoins, bourreaux, inquisitions, et tout cela, ou en faisant semblant de croire qu'il est permis et légitime, parce qu'il est utile à la propagation de la foi, ou en le croyant effectivement, qui sont deux dispositions honteuses au nom chrétien? (*Ibid.*, p. 350.)

.... Quelle plus grande tromperie peut-il y avoir que celle de votre Eglise? Elle envoie d'abord des missionnaires qui ne demandent que permission de voyager, qui se déguisent, qui, pour en juger charitablement, veulent instruire les infidèles de nos vérités. Comme vous croyez, ou du moins que vous le pratiquez (et c'est la même chose quant à la nécessité d'être sur ses gardes) que le manque de parole n'est pas un mal, lorsqu'il sert à la propagation de la foi, ils font accroire à ces bonnes gens tout ce qu'ils croient le plus propre à les gagner; en un mot, leur fin unique est d'avoir bientôt le plus grand nombre de sectateurs qu'ils pourront, et si après cela l'autre parti ne se veut pas convertir, de l'y contraindre par la force, selon la maxime de l'Evangile, *contrains-les d'entrer*, en commençant par le roi, comme celui dont l'exemple est de plus de force. Or, comme l'exécution de cela est naturellement et inévitablement, selon toutes les apparences du moins, cause de mille meurtres, désolations, et guerres civiles, ou de mille hypocrisies, profanations de nos mystères, baptêmes sacrilèges, reçus par des gens qui ne s'y soumettent que le couteau à la gorge, l'humanité veut que l'on avertisse ces malheureux infidèles de ne souffrir point au milieu d'eux une telle espèce d'étrangers; car, en ne les avertissant pas, on se trouve coupable de tous les carnages, de toutes les hypocrisies, de tous les remords de conscience, et en un mot de toutes les désolations qui viennent à la suite d'une religion qui se veut établir par force. (*Ibid.*, p. 350.)

..... Je vous ferai une troisième question, et puis c'est tout. Vous, Monsieur, qui êtes casuiste, ou qui le devez être, que dites-vous de ce petit cas de conscience?

Un roi qui fait accroire à ses sujets, pendant vingt ou trente ans, à la tête de ses arrêts, qu'il les veut maintenir dans l'exercice de la religion dont ils jouissent, quoique sa véritable intention soit de les dépouiller; qui, même lorsqu'il les en dépouille, promet solennellement de les laisser paisibles d'ailleurs dans leurs biens et dans leurs maisons, quoique son intention soit dès le lendemain de les forcer par la voie des logements de gens de guerre, de la prison et de la perte des biens, à renoncer à leur croyance, fait-il une action si chrétienne, si sainte et si pieuse, qu'il mérite qu'on lui dise que c'est le Saint-Esprit qui la lui a inspirée ou qu'on l'en loue du moins partout excessivement, jusques à fonder des messes en mémoire d'une telle chose sous prétexte que par ces continuelles dissimulations il est venu enfin à bout de l'hérésie? (*Ibid.*, p. 353).

..... Au reste, Monsieur, je vous suis très obligé des souhaits que vous faites pour ma conversion; je ne saurais mieux vous en témoigner ma reconnaissance qu'en faisant des vœux pour la vôtre. Je voudrais de tout mon cœur que Dieu vous fit la grâce de reconnaître les erreurs de votre Eglise, et vous inspirât le courage de renoncer à votre patrie et à vos bénéfices, pour venir dans notre communion, où vous ne trouveriez pas à la vérité les mêmes douceurs terrestres que vous possédez en France;

mais vous posséderiez la saine doctrine, le plus précieux trésor de tous, quoique ordinairement et par une sage institution de la Providence, ce soit le chemin de l'incommodité temporelle. Comme il n'y a que Dieu qui puisse rompre vos engagements, je vous recommande à sa sainte miséricorde. (*Ibid.*, p. 354.)

Ce que c'est que la Fr. toute catholiq.
(Œuvres div., t. II, p. 337 et suiv.)

Un moine fanatique; il fait abaisser les hennins; ce que peuvent les rois pour la réforme de leurs sujets.

.....Dans le temps que Thomas Conecte, moine breton, prêchait en Flandre, il se mit dans la tête d'engager les dames, de gré ou de force, à baisser leurs coiffures, qui étaient alors d'une taille si énorme, que les plus hautes fontanges qu'on a vues en France au commencement de ce siècle n'étaient que des nains en comparaison de ces anciens colosses, — on les appelait *hennins*; leur matière était riche et précieuse, les *cornes merveilleusement hautes et larges*, ayant de chaque côté deux grandes oreilles si larges, que, quand les femmes voulaient passer par une porte, elles avaient toutes les peines du monde.

Si l'on en croit Paradin, ces *accoutrements de tête* avaient la *longueur d'une aulne environ, aigus comme clochers, desquels* pendaient par derrière *de longs crêpes à riches franges, comme étendards.* Conecte les avait pris en telle aversion, que la plupart de ses sermons *s'adressaient à ces atours des dames.* Il n'épargnait ni les injures, ni les plus véhémentes invectives, et pour les rendre plus odieux, il ameutait les petits enfants auxquels il promettait des indulgences, *et il donnait certains petits présents puérils,* pour les engager à huer les femmes qui ne voulaient point se réformer là-dessus. Quand elles venaient au sermon du frère Thomas, *étant ainsi atournées,* ils commençaient à courir sus, criant *au hennin, au hennin,* jusqu'à les obliger à retourner à leur maison, où il les accompagnaient avec les mêmes huées. Quelques-uns même prenaient des pierres, et les lançaient contre ces hennins, *dont il advint de grands maux, pour les injures faites à aucunes grandes dames.* Ainsi ce fut moins par la force du glaive évangélique, que par la voie des injures et des violences, que frère Conecte vint à bout d'exterminer les *hennins.* De là vint sans doute que cette réforme dura peu ; car dès qu'il eut quitté le pays, les dames reprirent leur coiffure avec de nouveaux étages. Elles ne firent que baisser la tête comme le jonc, qui se relève dès que la main qui l'a coupé l'abandonne ; ou, pour me servir d'une comparaison, encore plus juste, empruntée de Paradin, elles imitèrent les *limaçons, lesquels quand ils entendent quelque bruit, retirent et resserrent tout bellement leurs cornes ; mais, le bruit passé, ils les relèvent plus grandes que devant.*

Ceci me rappelle une chose arrivée de notre temps à la cour de France. Un petit mot de Louis XIV, dit en passant, a été d'un plus grand effet contre la hauteur énorme des coiffures, que toute l'éloquence des prédicateurs. Ils ont déclamé fort inutilement pendant plusieurs années contre cette branche du luxe féminin ; ils ont attaqué ce colosse par toutes les figures de la rhétorique, fortifiées des plus solides raisonnements de la religion ; mais au lieu de le renverser, ou même de l'entamer, ils l'ont vu croître et s'élever de jour en jour. Ils étaient eux-mêmes les témoins oculaires de ses progrès, et ils voyaient autour de leur chaire une nouvelle sorte d'amphithéâtre, qu'on eût pu rendre fort régulier, en disposant les fontanges de telle sorte que celles de plus bas étage eussent occupé les premiers rangs, et qu'on eût placé plus loin les plus hautes, à mesure qu'elles se surpassaient les unes et les autres. Quoi qu'il en soit, les prédicateurs ne se battaient pas contre un ennemi absent ; ils le voyaient de fort près ; il venait se présenter à la bouche du canon. Leur épée à deux tranchants frappait d'estoc et de taille, et le mal ne faisait que croître : c'est ainsi qu'un jardinier émonde un arbre ; ses coups le rendent plus grand et plus beau. — Mais l'efficace de la *parole royale*, a été telle que dans un jour elle a renversé et presque aplani ces montagnes orgueilleuses. On n'eut pas plutôt entendu, je ne dis pas une menace, mais un simple témoignage de dégoût, qu'on travailla toute la nuit à la réforme, et dès le lendemain on se montra au monarque avec une autre parure. — Ce changement passa avec rapidité de la cour à la ville, et bientôt on ne vit plus la moindre trace de l'ancienne mode. Cela prouve que si les têtes couronnées connaissaient leur force à cet égard, ou voulaient s'en servir, elles feraient plus avec un mot, que tous les prédicateurs et les confesseurs avec une infinité de paroles.

N'y a-t-il pas eu de médailles sur tout ceci? Pour la chanson elle a été immanquable.

(*Dictionn.*, art. *Conecte.*)

Comparaison de la tolérance des mahométans avec l'intolérance des chrétiens.

Les mahométans, selon les principes de leur foi, sont obligés d'employer la violence pour ruiner les autres religions : et néanmoins, ils les tolèrent depuis plusieurs siècles. Les chrétiens n'ont reçu ordre que de prêcher et d'instruire ; et néanmoins, de temps immémorial, ils exterminent par le fer et par le feu ceux qui ne sont point de leur religion. *Quand vous rencontrerez les infidèles*, c'est Mahomet qui parle, *tuez-les, coupez-leur la tête ou faites-les prisonniers et retenez-les captifs jusqu'à ce qu'ils aient payé leur rançon ou que vous trouviez à propos de les mettre en liberté. N'appréhendez point de les persécuter jusqu'à ce qu'ils aient mis bas les armes et qu'ils se soient soumis à vous.* Malgré des ordres si précis, les Sarrazins renoncèrent pourtant d'assez bonne heure aux voies de la violence, et les Eglises grecques de Turquie, tant la principale que la schismatique, se sont conservées jusqu'à présent dans leur intégrité. Elles ont leurs patriaches, leurs métropolitains, leurs synodes, leur discipline, leurs moines. Je sais bien qu'elles ont beaucoup à souffrir sous un tel maître; mais après tout, elles ont plus à se plaindre de l'avarice et des chicanes des Turcs que de leur épée.

On peut être très assuré que, si les chrétiens d'Occident avaient dominé dans l'Asie à la place des Sarrazins et des Turcs, il n'y resterait aujourd'hui aucune trace de l'Eglise grecque, et qu'ils n'y eussent pas toléré le mahométisme, comme les infidèles y eussent toléré le christianisme.

M. Jurieu prétend qu'il n'y a point du tout de comparaison entre la cruauté des Sarrazins contre les chrétiens et celle des catholiques contre les protestants; qu'en peu d'années de guerre contre les Vaudois, ou même dans les seuls massacres de la Saint-Barthélemy, on a répandu plus de sang pour cause de religion, que les Sarrazins n'en ont répandu dans toutes leurs persécutions contre les chrétiens ; que c'est un préjugé de croire que le mahométisme est une secte cruelle qui s'est établie en donnant le choix de la mort ou de l'abjuration du christianisme ; qu'au contraire, la conduite des Sarrazins *a été une débonnaireté évangélique*, en comparaison des cruautés que les catholiques romains ont exercées sur ceux qu'ils traitaient d'hérétiques.

Quand il y aurait un peu d'exagération dans ces paroles de M. Jurieu, il est pourtant vrai de dire que les chrétiens ont toujours été plus intolérants que les sectateurs de Mahomet ; et cela montre bien que les hommes se conduisent peu selon leurs principes. L'Alcoran ordonne aux Turcs d'employer la violence pour ruiner les autres religions, et néanmoins ils les tolèrent depuis plusieurs siècles : les chrétiens n'ont reçu ordre que de prêcher et d'instruire, et néanmoins, de temps immémorial, ils exterminent par le fer et par le feu ceux qui ne sont pas de leur religion. Ils feront un beau manège dans les Indes et dans la Chine, si jamais le bras séculier les y favorise ; assurez-vous qu'ils s'y serviront des maximes de M. Jurieu. Ils l'ont déjà fait en quelques endroits. Lisez la lettre du Père Louis de Froës à ses confrères ; vous y trouverez que, les raisons ne suffisant pas à convertir les infidèles, on pria le vice-roi de Goa de secourir l'Evangile par des arrêts violents, et qu'on ne donna que quarante jours aux Brahmanes indiens, pour choisir entre l'alternative de la conversion ou de l'exil, sous peine de confiscation de biens et de galère...

(*Dictionn.*, art. *Mahomet*, § IX.)

Sur une réponse de Simonide.

La réponse que fit Simonide à un prince est fort célèbre. Hiéron, roi de Sicile, lui demanda un jour *ce que c'est que Dieu?* Simonide répondit que cette question n'était pas de celles que l'on résout sur le champ, et qu'il avait besoin d'une journée pour l'examiner. Quand ce terme fut passé, Hiéron demanda réponse; mais Simonide le pria de lui accorder encore deux jours. Ce ne fut pas le dernier délai qu'il demanda: il fut souvent sommé de répondre, et il demanda chaque fois un temps la moitié plus long. Le prince, surpris de cette conduite, en voulut savoir la cause. *J'en use ainsi*, lui répondit Simonide, *parce que plus j'examine cette matière, plus elle me semble obscure.*

C'est Cicéron qui raconte ainsi la chose et qui, sous la personne du pontife Cotta, déclare qu'en pareil cas il ferait toutes les mêmes réponses. Il ajoute que l'incertitude où se trouva alors Simonide vint *de la multitude des pensées subtiles et profondes qui se présentèrent pour et contre et qui lui firent désesperer de trouver la verité.*

Prenez bien garde à ces dernières paroles: elles frappent au but, elles vont au fait. Simonide aurait pu répondre facilement, s'il eût voulu s'arrêter aux idées populaires et à ces vives impressions qu'on nomme aujourd'hui des preuves de sentiment. Mais comme il avait affaire à un prince habile, qui avait raffiné son goût par de fréquentes conversations avec des gens doctes, il craignit de compromettre sa réputation. C'est pourquoi il prit du temps pour examiner la matière; il la tourna de tous les côtés, et parce que son esprit lui suggérait aussitôt la réfutation que l'invention de plusieurs réponses, il ne trouvait rien de solide: il découvrait partout un fort et un faible, et des profondeurs impénétrables: il craignit donc de se tromper, quelque dogme qu'il avançât pour établir la définition de Dieu: il désespéra de rencontrer la vérité et il quitta la partie.

Un petit esprit n'aurait pas été si délicat: il se serait laissé éblouir à la première hypothèse qu'il aurait imaginée; il n'en aurait point connu les difficultés, et il l'aurait magistralement donnée comme le point fixe de la vérité, hors duquel il n'y avait qu'impertinence et extravagance.

Il y a même de grands génies qui sur cet article ne jugent guère moins précipitamment que les petits génies. Ils avancent d'un air avantageux leur hypothèse comme le parti unique que l'on doive prendre: ils décident qu'elle est évidente: ils insultent ceux qui n'en conviennent pas. Une forte persuasion leur inspire cette conduite. Tertullien va nous fournir un exemple de ces jugements précipités. Ce Père, qui veut que la chose se soit passée à la cour de Lydie, et non à celle de Syracuse, suppose que Crésus proposa à Thalès le problème dont j'ai parlé, et que ce philosophe ne put jamais le résoudre. Sur quoi il fait la réflexion suivante: *tous nos artisans*, dit-il, *trouvent Dieu et le montrent, et marquent effectivement tout ce qui peut être mis en question touchant la nature divine : tandis* que Thalès hésite sur cette matière, *et que Platon* lui-même *assure qu'il n'est pas aisé de découvrir le Créateur de l'univers, et que, quand on l'a trouvé, il est très difficile de le bien définir.*

Vous voyez comment ce Père élève la science du plus petit artisan de la chrétienté au-dessus de celle des plus fameux philosophes du paganisme. Cela signifie que si Crésus ou le roi Hiéron eussent demandé au plus ignorant de tous les chrétiens *qu'est-ce que Dieu*, et quels sont ses attributs, il leur eût fait sur le champ une réponse catégorique, et si exacte, que rien n'y aurait manqué. Tertullien va trop vite; il se laisse trop entraîner à son imagination. Il ne considère pas que les philosophes du paganisme, qui se reconnaissaient incapables de satisfaire la curiosité de ceux qui leur demandaient *qu'est-ce que Dieu,* n'étaient réduits au silence que parce qu'ils ne voulaient pas s'arrêter à des notions populaires, comme un ignorant ferait. Rien ne leur aurait été plus facile que de répondre: *Dieu est un être infini et tout-puissant qui a formé l'univers et qui le gouverne, qui punit et qui récompense, qui se fâche contre les pêcheurs et qui s'apaise par nos sacrifices.* Voilà de quelle manière nos artisans répondraient à Hiéron, en y ajoutant ce que nous lisons dans le catéchisme touchant les personnes de la Trinité, touchant la mort et la passion de Jésus-Christ, etc. Encore un coup, si Thalès ou Simonide s'étaient contentés de ces idées générales, ils n'auraient point demandé du temps pour préparer leur réponse: ils auraient satisfait à la question par un impromptu. Mais comme ils voulaient que tous les termes de la définition demandée fussent évidemment incontestables, et qu'ils voyaient eux-mêmes qu'on pourrait leur contester tout ce qu'ils avanceraient, ils demandèrent délai sur délai, et enfin ils ne surent que répondre........

(*Diction.*, art. *Simonide*, rem. H et G.)

Pourquoi on permet dans les Etats monarchiques la lecture des auteurs républicains, et dans les Républiques celle des auteurs qui favorisèrent la monarchie. Côté hideux de ce dernier gouvernement.

J'ai connu des gens d'esprit qui s'étonnaient que dans les royaumes où l'autorité du prince n'a guère de bornes, on permît aux instructeurs de la jeunesse de se servir des livres des auteurs grecs et romains, où l'on trouve tant d'exemples de l'amour de la liberté, et tant de maximes antimonarchiques. Mais cela n'est pas plus surprenant, que de voir que les Etats républicains souffrent que leurs professeurs en droit expliquent le Code et le Digeste, où l'on rencontre tant de principes qui établissent l'autorité suprême et despotique des empereurs. — Voilà donc deux choses qui semblent également surprenantes, et qui au fond ne doivent surpendre personne. En effet, mettant à part plusieurs raisons que l'on pourrait alléguer, ne peut-on pas dire que les mêmes ouvrages qui contiennent le poison, soit par rapport aux monarchies, soit par rapport aux républiques, renferment aussi l'antidote? Si vous voyez d'une part les grandes maximes de la liberté, et les beaux exemples du courage avec lequel ou l'a maintenue, ou recouvrée, vous voyez de l'autre, les factions, les séditions, les bizarreries tumultueuses, qui ont troublé et enfin ruiné, ce nombre infini de petits Etats qui se montrèrent si ennemis de la tyrannie dans l'ancienne Grèce.

Ne semble-t-il pas que ce tableau soit une leçon bien capable de désabuser ceux qui s'effarouchent du seul nom de monarchie? Envisagez la chose sous un autre point de vue, vous trouverez une instruction bien différente, et très capable de vous donner une affreuse idée du pouvoir monarchique. — Car pourquoi les Grecs et les Romains ont-ils mieux aimé s'exposer à ces désordres, que d'obéir à un roi? Ne doit-on pas attribuer cela au souvenir des maux que les tyrans avaient causés à la Grèce et à l'Italie; et ne faut-il pas qu'un mal soit bien rude et bien affreux, puisqu'on cherche à s'en délivrer par de tels remèdes? Qu'on ne dise pas que les conspirations entreprises pour faire cesser la tyrannie ont souvent causé plus de désordres que la tyrannie même; qu'on cesse de nous vanter le règne du vertueux Hiéron, le bonheur dont jouirent les Syracusains sous ses lois tranquilles, le bouleversement qui arriva lorsque, pour s'affranchir de la domination cruelle et violente de son successeur, ils massacrèrent ce tyran, ses deux sœurs, ses trois filles, et tous les princes de son sang; massacre injuste, abominable, et d'autant plus cruel, que ce ne fut point le crime de quelques gens sans aveu, mais l'action du peuple et du Sénat assemblés; qu'on exagère tant qu'on voudra ces horreurs; qu'on représente les maux terribles que causa l'anarchie, la discorde des magistrats, la révolte du peuple, l'autorité sapée et renversée, Syracuse sans défense, assiégée par une armée étrangère qui la saccagea, en proie à ses propres citoyens qui furent la première cause de tous ses désastres, et qui ensevelirent sa liberté sous les ruines mêmes du despotisme; présentez ces malheurs sous le jour que vous voudrez, employez les plus fortes couleurs pour en faire un tableau terrible, tout cela n'agira que faiblement sur les esprits préoccupés contre la monarchie : on vous répondra par une rétorsion que j'ai touchée plus haut, c'est que le pouvoir monarchique est un terrible mal, puisqu'on ne peut remédier à ses désordres qu'en s'exposant à de si horribles calamités.

(*Dictionn.*, art. *Hobbes*, rem. C.)

Si les médisances publiées contre ceux qui changent de religion sont utiles au parti qui les débite.

Il règne de part et d'autre, il faut l'avouer, entre les protestants et les catholiques romains, une coutume bien cruelle. C'est d'attaquer par toutes sortes d'injures, et de tâcher par toutes sortes de moyens, de couvrir d'ignominie ceux qui changent de religion. On épluche toute leur vie, jusqu'aux recoins de l'enfance : on ramasse tous les péchés de leur jeunesse, on les suit à la piste dans tous leurs déportements ; on accumule pêle-mêle et les bruits vagues, et les faits qui peuvent avoir quelque certitude, et ceux qui peuvent recevoir une mauvaise interprétation, lorsque des esprits pleins de soupçons et de défiance les examinent sans miséricorde, et l'on fait courir le monde à une infinité de satires composées de cette façon. Il n'en faut pas demander le *cui bono*, car il est assez manifeste que l'on prétend tirer de là deux ou trois utilités considérables.

On espère que personne ne sera scandalisé de l'inconstance des déserteurs, pourvu qu'on les représente comme des hommes vendus à l'iniquité, également dépourvus d'honneur et de conscience.

On veut empêcher de croire que l'incertitude des dogmes de son parti, et la certitude des dogmes du parti contraire aient influé dans l'abjuration de ces apostats. On veut aussi rabattre le triomphe des adversaires en leur objectant qu'ils n'ont gagné que des prosélytes flétris et diffamés. Enfin, on prétend inspirer plus d'horreur pour la révolte, en exposant à l'ignominie la personne des révoltés, et l'on veut intimider quiconque osera songer à l'apostasie. Quelle apparence, en effet, que des gens sensibles à la satire s'exposent à l'éclat d'une désertion, lorsque tant d'exemples formidables apprennent que le parti qu'ils voudraient quitter s'est mis en possession de cette menace bien exécutée? Mais si le profit est visible de ce côté-là, le dommage ne l'est pas moins par d'autres endroits, et peut-être qu'il y a lieu de s'étonner que la considération des mauvaises suites ne modère pas les mouvements impétueux de cette colère.

Il n'y a rien de plus propre à endurcir les adversaires dans leur erreur, que le fiel de ces satires personnelles. Chaque parti s'imagine que les sectateurs de l'autre sont esclaves d'une prévention aveugle, et d'une opiniâtreté passionnée. N'est-ce pas les confirmer dans ce jugement que de déchirer la réputation d'un homme qui nous a quittés et d'employer contre lui, non pas une plainte modeste et charitable, mais une déclamation violente, et des invectives diffamatoires. Ajoutez que les médisances publiées contre un apostat ne trouvent guère de créance dans l'esprit de ses nouveaux frères et ne servent d'ailleurs qu'à aliéner de plus en plus ce sujet rebelle. Il serait peut-être rentré dans le bercail si on lui eût fait connaître sa faute doucement et honnêtement. Son retour serait un triomphe que l'on opposerait avec avantage à la victoire dont l'ennemi s'était vanté. On se prive de cela si l'on irrite le transfuge. Il n'est presque pas possible que les satires amères qui le déchirent ne contiennent plusieurs calomnies : cela lui donne une très mauvaise opinion de ses anciens frères. Si les vérités qu'ils ont divulguées le fâchent, les impostures ne servent pas peu à augmenter son chagrin : il conçoit contre eux une haine personnelle qui le dispose à haïr leurs sentiments : de sorte que, n'ayant été d'abord qu'un prosélyte apparent, il devient un prosélyte de cœur. La colère produit cet effet.

Qu'on m'objecte tant qu'on voudra ces paroles du psalmiste : *Imple faciem eorum ignominia, quærent nomen tuum, Domine;* « Seigneur, couvrez-les d'ignominie, et ils chercheront votre nom, » je répondrai que quand on fait cette prière, il en faut laisser l'exécution à Dieu et non pas recourir aux plumes des écrivains satiriques. Ces gens-là ne sont guère propres à faire rentrer dans le bon chemin

13.

ceux qui s'en écartent. L'esprit évangélique est un feu qui doit éclairer, échauffer; mais non pas brûler, calciner, stigmatiser.

Je ne nie pas que des gens qui savent qu'on supportera leurs fautes tant qu'ils paraîtront attachés à leur religion, et que s'ils la quittent, elles serviront de fondement à des libelles diffamatoires; je ne nie pas, dis-je, que de telles gens ne puissent être détournés de l'apostasie par la crainte des médisances. Mais enfin est-ce un profit bien considérable que de retenir des brebis gâtées dans le bercail? et d'ailleurs la peur des satires est-elle une barrière bien forte pour des gens que d'autres passions animent à la révolte? Les apostats ne savent-ils pas qu'on les recevra à bras ouverts dans l'autre parti, et qu'on les regardera comme des personnes vertueuses, indignement calomniées? — Le changement de religion est une lessive merveilleuse auprès des convertisseurs : on dirait qu'ils s'attribuent le droit de faire ce que Dieu promet dans l'Ecriture : *Quand vos péchés seraient rouges comme vermillon, ils deviendront blancs comme neige.* Il y a une chose bizarre en cette matière; car avant qu'un homme abjurât, on lui donnait des marques d'estime dans son parti, et on le diffamait dans l'autre ; mais depuis son abjuration, les choses changent de face : il est satirisé par les anciens frères et préconisé par les nouveaux.

(*Dictionn.*, art. *Sponde*, rem. C.)

Maux politiques causés par l'intolérance.

[Voici comment Bayle réfute l'objection de ceux qui soutiennent que « l'opinion de la tolérance ne peut que jeter l'Etat dans toutes sortes de confusions, et produire une bigarrure horrible de sectes qui défigurent le Christianisme. » Il en tire une preuve pour son propre sentiment :] Car, dit-il, si la multiplicité de Religions nuit à l'Etat,

....C'est uniquement parce que l'une ne veut pas tolérer l'autre, mais l'engloutir par la voie des persécutions. *Hinc prima mali labes*, c'est là l'origine du mal. Si chacun, ajoute-t-il, avait la tolérance que je soutiens, il y aurait la même concorde dans un Etat divisé en dix religions, que dans une ville où les diverses espèces d'artisans s'entre-supportent mutuellement. Tout ce qu'il pourrait y avoir, ce serait une honnête émulation à qui plus se signalerait en piété, en bonnes mœurs, en science; chacune se piquerait de prouver qu'elle est la plus amie de Dieu en témoignant un plus fort attachement à la pratique des bonnes mœurs; elles se piqueraient même de plus d'affection pour la patrie, si le souverain les protégeait toutes, et les tenait en équilibre par son équité; or il est manifeste qu'une si belle émulation serait cause d'une infinité de biens; et par conséquent la tolérance est la chose du monde la plus propre à ramener le siècle d'or et à faire un concert et une harmonie de plusieurs voix et instruments de différents tons et notes, aussi agréable pour le moins que l'uniformité d'une seule voix. Qu'est-ce donc qui empêche ce beau concert formé de voix et de tons si différents l'un de l'autre? C'est que l'une des deux religions veut exercer une tyrannie cruelle sur les esprits, et forcer les autres à lui sacrifier leur conscience; c'est que les rois fomentent cette injuste partialité, et livrent le bras séculier aux désirs furieux et tumultueux d'une populace de moines et de clercs; en un mot, tout le désordre vient, non pas de la tolérance, mais de la non-tolérance.

Comment. philos. sur le *Compelle intrare*
(2e part. chap. VI, p. 415.)

IV

BAYLE CRITIQUE LITTÉRAIRE

Naïveté d'Homère.

[Après avoir raconté presque littéralement le célèbre épisode d'Ulysse et de Nausicaa dans l'*Odyssée*, voici le curieux jugement que Bayle porte sur l'art d'Homère :]

....Ce morceau est très propre à nous faire sentir la naïveté de cet ancien poète, et la différence qui se trouve entre le caractère de son siècle et les mœurs de notre temps. On ne peut disconvenir que cet épisode d'Alcinoüs n'ait ses agréments et ses beautés; mais je voudrais que le poète eut abrégé certains détails et supprimé quelques images, peu dignes de la majesté de l'Epopée; c'est là le défaut d'Homère. Il est trop grand parleur et trop naïf : grand génie d'ailleurs, et si fécond en belles idées, que s'il vivait aujourd'hui, il ferait une *Odyssée* où il ne manquerait rien. Il corrigerait aussi beaucoup de choses dans son *Iliade*, et ses héros y parleraient toujours avec dignité! Il n'aurait garde par exemple, en peignant l'affliction d'Adromaque après la mort de son époux, de mêler parmi ces plaintes cette réflexion, que le petit Astyanax ne mangerait plus sur les genoux de son père la moelle et la graisse des moutons. Il ne dirait pas non plus qu'Andromaque avait un si grand soin des chevaux d'Hector, qu'elle leur donnait à manger et à boire plutôt qu'à lui. C'est peindre d'après nature, je l'avoue ; mais aujourd'hui on ne souffrirait point ces naïvetés ; nous trouverions cela trop bourgeois et bon seulement pour la comédie. Je crois que nos comtesses et nos marquises croiraient aussi s'exprimer trop bourgeoisement, si elles disaient comme la reine de Carthage, dans Virgile :

Si quis mihi parvulus aula
Luderet Œneas. . . . . .

Ce ne sont pas proprement les défauts des anciens poètes, c'est celui de leur temps. Il n'est pas question si les esprits sont meilleurs dans notre siècle, mais si notre siècle possède mieux les idées de la perfection.

(*Dictionn.*, art. *Nausicaa.*)

Les apologues d'Esope.

Les apologues d'Esope doivent être mis au rang des plus utiles productions de l'antiquité. Aucun philosophe ne s'est avisé de donner des leçons aussi spirituelles et aussi sensées. Peut-on voir des inventions plus heureuses que les images dont se sert notre fabuliste pour instruire le genre humain ? Elles sont très propres aux enfants, et elles ne laissent pas d'être bonnes pour les gens d'un âge mûr : elles ont tout ce qui est nécessaire pour la perfection d'un précepte, je veux dire le mélange de l'utile avec l'agréable. On les a estimées dans tous les temps, et notre siècle, d'ailleurs assez jaloux de la gloire des anciens, leur a rendu tout l'honneur qu'elles méritent. L'inimitable La Fontaine leur a procuré de nos jours un grand éclat.....

Platon, qui a banni de sa *République* Homère et les autres poètes, y a donné à Esope une place très honorable. Apollonius de Tyane à marqué la même préférence pour notre fabuliste : ses apologues, dit-il, sont bien plus propres que toutes les autres fables à nous inspirer la sagesse; car celles des poètes ne font que corrompre l'oreille des auditeurs : elles représentent les amours infâmes des dieux, leurs incestes, leurs violences, et cent autres crimes. Ceux qui entendent parler de semblables choses, rapportées par les poètes comme des faits véritables, en tirent de pernicieuses conséquences, et apprennent à croire qu'ils ne pèchent point en satisfaisant leurs désirs les plus déréglés, puisqu'ils ne font qu'imiter les dieux. Apollonius, continuant son parallèle, montre par plusieurs autres raisons combien les fables d'Esope surpassent celles des poètes: après quoi il ajoute ce conte. Esope, dit-il, étant berger, et faisant paitre son troupeau auprès d'un temple de Mercure, demandait souvent à ce dieu le don de la sagesse. D'autres gens demandaient la même faveur, et il arriva un jour que tous ces compétiteurs entrèrent ensemble dans le temple de

Mercure, les mains bien garnies : chacun apporta de riches offrandes.

Esope, qui était pauvre, fut le seul qui n'offrit rien de précieux : il ne présenta qu'un peu de lait et de miel, et quelques fleurs, qui n'étaient pas même liées ensemble. Mercure, en distribuant la sagesse, eut égard au prix des offrandes : il donna, selon cette proportion, à l'un la philosophie, à l'autre l'éloquence, à celui-là l'astronomie, à un autre l'art de faire des vers. Il ne songea au pauvre berger qu'après avoir achevé la distribution : mais s'étant souvenu d'une fable que les Heures lui avaient contée lorsqu'il était au berceau, il communiqua à Esope le don de l'apologue.

(*Dictionn.*, art. *Esope*, § VI.)

Examen d'un pensée de Plutarque.

On apporta un jour à Périclès une tête de bélier où il n'y avait qu'une corne : ce bélier était né dans une maison de campagne de Périclès. Le devin Lampon déclara que c'était un signe que la puissance des deux factions, qui étaient alors dans Athènes, tomberait toute entre les mains de la personne chez qui ce prodige était arrivé. — Anaxagore s'y prit d'une autre manière : il fit la dissection de ce monstre, et trouvant que son crâne était plus petit qu'il ne devait être, et d'une figure ovale, il expliqua la raison pourquoi ce bélier n'avait qu'une corne et pourquoi elle était née au milieu du front. On admira cette méthode de donner raison des prodiges ; mais quelque temps après, on n'admira pas moins la prévoyance supérieure de Lampon, quand on vit la faction de Thucydide abattue, et toute l'autorité entre les mains de Périclès.

Plutarque, raisonnant sur ce phénomène, dit que le devin et le philosophe pouvaient être tous deux *fort raisonnables*, l'un pour avoir deviné l'effet, l'autre pour avoir deviné la cause. C'était l'affaire du philosophe, ajoute Plutarque, d'expliquer d'où et comment cette corne unique s'était formée; mais c'était le devoir du devin de déclarer pourquoi elle avait été formée et ce qu'elle présageait.

Car ceux qui disent que dès que l'on trouve une raison naturelle, on anéantit le prodige, ne prennent point garde qu'ils détruisent les signes artificiels aussi bien que les célestes. Les fanaux que l'on allume sur les tours, les cadrans solaires, etc., dépendent de certaines causes qui agissent selon certaines règles, et néanmoins ils sont destinés à signifier certaines choses.

Voilà ce qui se peut dire de plus spécieux et de plus fort, en faveur du dogme vulgaire qu'Anaxagore voulait combattre. Afin qu'un phénomène de la nature soit un prodige, ou un signe de quelque mal à venir, il n'est point du tout nécessaire que les philosophes n'en puissent donner aucune raison ; car quoiqu'ils le puissent expliquer par les vertus naturelles des causes fécondes, il est très possible qu'il ait été destiné à présager. — N'explique-t-on pas par des raisons naturelles la lumière des fanaux ? Cela empêche-t-il qu'ils ne soient un signe de la route que les pilotes doivent prendre ?

Avouons donc que Plutarque a soutenu l'opinion commune aussi doctement qu'on la puisse soutenir. La cause efficiente trouvée n'exclut point la cause finale, et la suppose même nécessairement, dans toute action dirigée par un être qui a de l'intelligence. Sur quoi donc se fondent les philosophes, quand ils soutiennent que les éclipses, étant une suite naturelle du mouvement des planètes, ne peuvent pas être un présage de la mort d'un roi, et que le débordement des rivières étant un effet naturel des pluies ou de la fonte des neiges, ne peut pas être un présage d'une sédition, d'un détrônement, ou de tels autres malheurs publics ? Je réponds à cette demande qu'ils se fondent sur ce que les effets de la nature ne peuvent être des pronostics d'un événement contingent, à moins qu'une intelligence particulière ne les destine à cette fin. — Il est visible que les lois de la nature, laissées dans leur progrès général, n'auraient jamais élevé de tours, n'auraient jamais allumé de feux sur ces tours pour l'utilité des pilotes. Il a fallu que des hommes s'en soient mêlés. Il a fallu que leurs volontés particulières aient appliqué la vertu des corps d'une certaine façon, qui se rapportât à la fin qu'ils se proposaient.

D'autre côté, il est visible que les lois de la Nature, laissées dans leur progrès général, ne sauraient produire des météores, ou un débordement de rivières, qui avertissent les habitants d'un royaume qu'au bout de deux ou trois ans il s'élèvera une sédition, qui renversera la monarchie de fond en comble. — Il est visible qu'il faut qu'une intelligence particulière forme ou ces météores, ou ces grandes inondations afin que ce soient des signes du changement du gouvernement. — Or dès là, ce sont des choses do.‵t la physique ne saurait donner de raison; car ce qui dépend des volontés particulières de l'homme, ou de l'ange, n'est point l'objet d'une science : la philosophie n'en s'aurait marquer les causes.

Concluons de là qu'un événement dont la physique donne raison, n'est point un présage de l'avenir contingent, et qu'un tel présage n'est point une chose qu'on puisse expliquer par les lois de la nature. Afin donc que Plutarque puisse dire raisonnablement que le devin et le philosophe rencontrèrent bien, l'un la cause finale, l'autre la cause efficiente, il faut qu'il suppose qu'un esprit particulier disposa de telle sorte le crâne de ce bélier, que le cerveau se retrécissant, et aboutissant en pointe vis-à-vis du milieu du front, ne produisit qu'une corne qui sortit par cet endroit-là. Il faut aussi qu'il suppose que cet esprit modifia de cette façon le cerveau de ce bélier, afin que la ville d'Athènes fût avertie que la faction de Périclès opprimerait la faction de Thucydide, et qu'elle obtiendrait seule tout le pouvoir. — Mais cette supposition étant contraire aux idées qui nous apprennent qu'il n'y a que Dieu qui connaisse les événements contingents, ne peut être admise, et ainsi l'on ne saurait adopter le dogme vulgaire des présages, sans reconnaître que Dieu produit par miracles, et par une volonté particulière, tous les effets naturels que l'on prend pour des pronostics. Selon cette supposition, les miracles proprement dits seraient presque aussi fréquents que les effets naturels : absurdité prodigieuse ! N'oubliez pas que si Dieu eût voulu faire un miracle pour avertir les Athéniens que l'une de leurs cabales serait éteinte, il n'aurait pas eu besoin de rétrécir le crâne de ce bélier. Il eut produit une coque au milieu du front sans rien changer dans le cerveau, et cela eût mieux marqué le prodige.

(*Dictionn.*, art. *Périclès*, rem. A).

Esprit du livre de Charron.

Le *Traité de la sagesse* était un livre de pur raisonnement : Charron empruntait ses principales preuves des lumières de la philosophie, et, comme il attaquait avec force les sentiments populaires et superstitieux, il ne pouvait guère éviter d'avancer quelques maximes qui semblaient un peu contraires aux vérités de la Religion. De là vinrent les clameurs que son ouvrage excita parmi quelques sorbonistes, plus dévôts que savants, qui s'élevèrent contre l'auteur, et qui le décrièrent comme un impie. Un homme d'esprit et d'autorité fit cesser toutes ces persécutions, et distingua les choses comme il fallait. Ce fut le président Jeannin, conseiller d'Etat *personnage des plus judicieux et des plus expérimentés de ce temps*, qui fut chargé en dernier lieu d'examiner cette affaire. Ayant lu avec attention l'écrit de Charron, il déclara qu'un ouvrage de cette nature n'était nullement fait *pour le commun et bas étage du monde* mais *qu'il n'appartenait qu'aux plus forts et relevés esprits d'en faire jugement*, et que c'était vraiment *un livre d'Etat*. Sur son rapport, le Conseil privé en permit la vente, et donna main levée au libraire de toutes les saisies qui avaient été faites.

Il est heureux pour la mémoire de Charron et pour son livre, que des gens d'Etat, aussi illustres par la force de leur génie que par leur autorité, se soient mêlés de cette affaire : sans cela, l'auteur eût été flétri très durement, et l'on aurait exterminé son ouvrage. Aussi avait-il toujours souhaité d'avoir pour juges des hommes d'un caractère impartial, *d'un esprit hardi, fort, généreux, et nullement superstitieux ni populaire* : il n'espérait point la même équité de ceux que leur profession engage à s'échauffer trop, et à qui elle fait contracter une habitude de condamner précipitamment tout ce qui s'écarte de leurs préjugés. Il est glorieux à la France d'avoir permis la publication de ce livre, malgré les oppositions et les murmures de beaucoup de gens. On fit voir par là qu'on n'approuvait pas le joug tyrannique que tant de personnes voudraient mettre sur l'esprit, et qu'on approuvait la liberté de philosopher, quand elle se contenait dans de certaines bornes.

N. B. — Liberté philosophique, indépendance du joug de la superstition et du faux zèle, vous êtes l'âme des bonnes lettres : sans vous, tout est barbarie. Une nation qui vous opprime se dégrade chez les nations éclairées, étouffe dans son propre sein les talents qui pourraient l'illustrer, et met sur ses yeux le bandeau de l'ignorance.

(*Dictionn.*, art. *Charron*).

Antiquités d'Ypres.
Lettre de Louis XIV à M. Arnauld.

[Esprit curieux et amoureux du détail pittoresque ou piquant, Bayle s'arrête complaisamment sur tout ce qui lui paraît de nature à intéresser le lecteur tout en délassant son esprit. C'est ainsi, par exemple, que dans son article sur *Ypres*, il s'empresse de nous mettre sous les yeux une lettre supposée de Louis XIV à Arnauld, très amusante et très spirituelle, que l'on attribuait à M. Roze, secrétaire du cabinet.]

..... Les disputes du jansénisme ont rendu fameux le nom de la ville d'Ypres : car on ne parle guère de Jansénius, sans remarquer qu'il en fut évêque. De là vint sans doute l'idée plaisante d'un bel esprit de France qui, dans le temps que Louis XIV assiégeait Ypres, forgea la lettre suivante adressée à M. Arnaud et datée du camp d'Ypres. On suppose que ce fut le roi qui l'écrivit :

« Monsieur Arnaud, nous allons commencer un siège où vous pourriez nous servir beaucoup de votre crédit. J'ai cinq propositions à faire à Messieurs d'Ypres : la première, que je suis venu en Flandre pour faire du bien à tout le monde. La deuxième que le commandement que je leur fais de rendre la ville n'est pas impossible. La troisième, qu'il est en leur pouvoir de mériter ou de démériter mes bonnes grâces. La quatrième, que j'ai des secours avec moi plus que suffisants pour les faire obéir à mes ordres ; et la cinquième que, quelque nécessités qu'ils soient de se rendre, il ne le feront qu'avec une entière liberté. Il s'agit donc, Monsieur, de leur faire signer ces cinq propositions qui renferment tout le traité de la grâce que j'ai à leur faire. Je ne crois pas qu'ils puissent éluder mes ordres par la distinction du droit et du fait ; car pour le droit, il y a si longtemps que je suis en possession de prendre les villes, que le temps seul pourrait me servir de prescription dans le Pays-Bas, quand je n'aurais pas d'ailleurs tant de droits incontestables.

Ils ne peuvent donc se retrancher que sur le fait, et c'est de quoi je veux les convaincre par une trentaine de canons auxquels je les défie de répondre efficacement; car ils percent toutes les difficultés à jour. Par là vous jugerez bien que je ne serai pas si longtemps à leur faire signer nos cinq propositions que vous avez été à signer celle du pape. C'est pourquoi je vous donne ordre de convoquer le ban et l'arrière-ban des jansénistes et de partir incessamment de Paris pour venir à leur tête chanter le *Te Deum* sur le tombeau de Jansénius pour rendre grâces à Dieu de l'heureux succès de nos cinq propositions. Vous pourrez apporter pour le feu de joie une centaine d'exemplaires du *Miroir de la piété chrétienne*, pour jeter ces bons Flamands dans un saint désespoir d'être jamais à l'Espagne. Ensuite, vous passerez en Angleterre pour y diriger la Chambre basse qui a de grandes indispositions d'esprit et de cœur à la paix. Au reste, je goûte fort votre politique et plus encore votre argent, dont vous vous servez si avantageusement pour persuader aux gens tout ce que vous voulez.

Avec cela, je suis sûr que nous aurons la paix avec l'Angleterre et l'Espagne avant que vous l'ayez avec les pères Jésuites.

Au camp devant Ypres, le 17 mars 1678. »

(*Dictionn.*, art. *Ypres*).

Nouvelles de la République des Lettres.

[Il nous a paru intéressant de donner par quelques extraits un rapide aperçu de ce journal, dans lequel Bayle faisait le compte rendu des principaux événements littéraires du mois et l'analyse des livres nouveaux. On peut voir par là ce qu'était « la chronique des livres » dans une grande « revue » au dix-septième siècle.]

CONTES ET NOUVELLES EN VERS DE M. DE LA FONTAINE. NOUVELLE ÉDITION ENRICHIE DE TAILLES-DOUCES. A Amsterdam, chez Henri Desbordes, 1685, 2 vol. in-8.

Avec la permission de ceux qui mettent l'antiquité si au-dessus de notre siècle, nous dirons ici franchement, qu'en ce genre de compositions, ni les Grecs, ni les Romains n'ont rien produit, qui soit de la force des Contes de M. de La Fontaine; et je ne sais comment nous ferions pour modérer les transports et les extases de Messieurs les humanistes, s'ils avaient à commenter un ancien auteur, qui eût déployé autant de finesse d'esprit, autant de charmes vifs et piquants, que l'on en trouve en ce livre-ci. Si l'on joint à tout cela la matière même de ces Contes, on comprend fort aisément pourquoi les curieux en souhaitaient si ardemment une nouvelle édition. Ils la trouveront ici en fort bon état, et, quoiqu'elle ne contienne presque rien qui n'ait déjà vu le jour, on peut dire qu'on y verra plusieurs beaux récits, qui étaient presque inconnus à tout le monde, parce que l'édition de Paris, où ils étaient, a paru très peu. Les tailles-douces, au reste, sont bien entendues, et dans la bienséance nécessaire. On a retranché toutes les pièces qui n'étaient point Contes; ce n'est pas qu'on les ait jugées indignes de paraître dans cette nouvelle édition; c'est qu'on a cru qu'elles auraient plus commodément leur place parmi les poésies diverses du même auteur, que l'on s'en va réimprimer incessamment, aussi bien que les Fables, et que le reste de ses ouvrages, parmi lesquels on verra des poésies qui feront connaître que, quand il a voulu donner dans les pièces graves, il y a très bien réussi. C'est ce que nous apprenons d'un avertissement fort judicieux, qui a été mis à la tête de ce livre, et qui, avec les deux préfaces de M. de La Fontaine, répond à quelques difficultés.

Comme il n'y a que trop de gens qui pèchent contre cette maxime de M. Descartes, *qu'il ne faut pas que nos jugements aient plus d'étendue que nos idées distinctes*, je prévois que plusieurs de mes lecteurs s'imagineront que, puisque je donne tant d'éloges aux Contes de M. de La Fontaine, je les tiens pour un ouvrage où il ne manque quoi que ce soit, non pas même les réflexions qui nourrissent la piété, et qui détachent de la terre, car voilà comme les gens sont faits; s'ils voient qu'on loue un auteur pour sa science, tout aussitôt ils s'imaginent qu'on lui attribue de l'esprit, du jugement, de la politesse; ou, s'ils voient qu'on le loue d'avoir de l'esprit, ils se figurent qu'on lui donne aussi une grande science. J'ai tous les jours des plaintes à essuyer de la part de cette espèce de lecteurs. Ils se persuadent mal à propos, que, dès qu'on leur dit qu'un tel prouve une telle chose avec beaucoup d'érudition, on garantit son ouvrage pour un chef-d'œuvre de politesse, d'esprit et de jugement, et ils croient voir souvent le contraire. Ce n'est pas à moi qu'ils se doivent prendre de leur mécompte, mais au peu d'exactitude qu'ils ont apporté dans les discernements de ce qu'on leur dit et de ce qu'on ne leur dit pas.

C'est en cet endroit surtout que je les prie d'être plus exacts; les éloges que je donne très justement à cet ouvrage ne signifient nullement que je le garantis pour un livre de dévotion. Je fais gloire de suivre l'esprit de cet honnête homme, qui a fait l'Avertissement dont j'ai parlé. Il dit que ceux dont la conduite est si réglée en toutes choses, qu'ils ne voudraient pas employer un seul moment de leur vie, dont ils ne pussent rendre compte sans rougir, peuvent beaucoup mieux faire que de lire ce Recueil, et qu'au reste, quelque indulgence que l'on demande pour ces Contes, on ne prétend point insinuer qu'ils doivent être mis indifféremment entre les mains de toutes sortes de gens, car quoiqu'ils aient quelque obscurité pour ceux qui ne sont pas encore rompus au commerce du monde, il est de la prudence des personnes commises à l'éducation de la jeunesse, non seulement de leur en interdire la lecture, mais encore d'empêcher qu'ils n'en apprennent bien davantage par une méchante fréquentation. Ce ne sont pas toujours les livres qui apprennent ce qu'on ne doit pas savoir.

Cette dernière pensée se rapporte à celle dont M. de La Fontaine s'est servi dans un de ses Contes, en s'adressant au beau sexe, qu'on prétendait que son livre pouvait gâter :

> Irait-il après tout s'alarmer sans raison
> Pour un peu de plaisanterie?
> Je craindrais bien plutôt que la cajolerie
> Ne mît le feu dans la maison.
> Chassez les soupirants, belles, prenez mon livre;
> Je réponds de vous corps pour corps.

Il semble qu'il se serait donné de la peine sans nécessité, s'il en avait pris pour excuser auprès du sexe tout le mal qu'il en publie, car il est certain que les faiseurs de bons Contes ne déplaisent point, et je ne pense pas que M. de La Fontaine ait éprouvé que ses livres lui aient fait aucun tort auprès des femmes. Quelques personnes, qui ont vu le second article des *Nouvelles* de ce mois m'ont déjà dit qu'il plairait infiniment aux femmes, parce qu'elles y croiraient voir une punition exemplaire des injustices de cet auteur à leur égard, ce qui leur fera dire, si elles ont lu le *Plutarque* d'Amyot,

> Que désormais autant en puisse prendre,
> À qui voudra telle chose entreprendre.

Nouvelles d'avril 1685.
Catalogue des livres nouveaux, n° V.
(Œuvres div., t. I, p. 273.)

Nouvelles de la République des Lettres.

RÉCEPTION DE M. BOILEAU A L'ACADÉMIE FRANÇAISE.

M. de La Fontaine fut reçu le 2 du mois de mai, et l'on eût reçu M. Boileau le même jour, s'il eût été à Paris. Mais il n'avait garde d'y être; il était en Flandre avec le roi, qu'il accompagne dans toutes ses expéditions, afin d'en pouvoir parler comme témoin oculaire. Il ne fut reçu que le premier jour de ce mois. Il fit un discours d'un petit quart d'heure, qui fut écouté avec beaucoup de plaisir de toute l'Assemblée, fort nombreuse ce jour-là. Il déclara d'abord l'étonnement où il se trouvait de se voir membre d'une Compagnie, dont l'entrée lui devait avoir été fermée par tant de raisons. Il dit ensuite qu'il ne pouvait attribuer cet honneur qu'au désir que le roi avait témoigné pour cela; et que Sa Majesté, l'ayant choisi pour travailler à son histoire, conjointement avec un des autres membres de l'Académie, avait cru qu'il ne pourrait s'en acquitter dignement, sans être instruit dans l'Ecole de ces Messieurs.

Il ajouta, avec une confiance qui ne lui seyait pas mal, que le roi avait eu quelque raison de le choisir pour un tel emploi, parce qu'il fait tous les jours tant de choses qui, toutes vraies qu'elles sont, ne paraissent pas vraisemblables, qu'il était bon qu'on les fit écrire par un historien qui fût en réputation de ne flatter point. M. l'abbé de la Chambre, curé de Saint-Barthélémy, qui avait été directeur de l'Académie pendant le quartier d'avril, en fit encore la fonction ce jour-là, parce qu'on n'avait pas eu le temps d'élire au sort un directeur pour le quartier de Juillet. Il répondit au discours de M. Boileau par un autre de même longueur, et digne de sa grande politesse. Après avoir loué le nouvel académicien, il s'étendit sur les éloges de M. de Bezons, de qui on remplissait la place, et sur ceux de M. Conrart, parce que M. de Bezons avait été son élève. Cela fait, plusieurs académiciens lurent quelques pièces qu'ils avaient composées sur divers sujets, et puis on se retira.

Le discours de M. Boileau a été trouvé digne de son esprit et de sa réputation ; la plupart de ceux qui en parlent le louent extrêmement, et ceux qui en disent le moins de bien, font entendre seulement qu'il n'y avait rien de fort extraordinaire.

C'est un signe qu'il s'est fort bien tiré de ce pas-là. L'endroit où il dit que l'entrée de l'Académie *lui devait avoir été fermée par tant de raisons,* a renouvelé le souvenir de cette multitude d'académiciens morts et vivants, qu'il a maltraités dans ses satires. Les Chapelain, les Cassagne, les Cotin, les Desmarets, les Scudéry et les Quinault, se sont présentés d'abord à l'esprit de tout le monde, et on croit que si le roi, qui est au-dessus des lois, ne se fût pas mêlé de la chose, l'Académie s'en fût tenue à ses statuts, qui l'obligent, dit-on, à avoir un ressentiment d'exclusion pour tous ceux qui la diffament en la personne de ses membres. Mais sa complaisance pour le souverain lui a fait tenir une conduite tout à fait chrétienne. Ceux qui aiment cette Académie la louent d'avoir oublié généreusement les injures qu'elle avait reçues. Les ennemis de M. Boileau sont bien aises qu'il ait recherché comme une grâce d'entrer dans un corps dont il avait mal parlé, à ce qu'ils prétendent, et ils font sur cela des comparaisons qu'il n'est nullement nécessaire de dire ici. Quoi qu'il en soit, M. Boileau est d'un mérite si distingué, qu'il eût été difficile à Messieurs de l'Académie française, de remplir aussi avantageusement qu'ils ont fait la place de M. de Bezons.

Nouvelles de juillet 1684, art. VIII.
(Œuvres div., t. I, p. 97.)

Nouvelles de la République des Lettres.

La Morale d'Épicure, avec des réflexions, par M. le baron des Coûtures. A Paris, chez Thomas Guillain, sur le quai des Augustins, 1685, in-12.

Nous avons enfin reçu le livre que M. le baron des Coutûres a composé, pour justifier une morale injustement décriée, et nous l'avons lu avec beaucoup de plaisir. C'est une lecture fort propre à montrer le peu d'équité de l'homme, et en général on peut dire qu'il n'y a guère de sujet sur quoi la bizarrerie de l'esprit humain se soit plus jouée, que sur le philosophe dont on voit ici la morale. Il disait que la félicité de l'homme consiste dans le plaisir ; il ne croyait point d'autre vie que celle-ci, et, quoiqu'il fit profession d'admettre des dieux, il ne leur donnait pas le soin de punir ou de récompenser l'homme. Il n'en a point fallu davantage à un très grand nombre de gens, pour assurer que c'était un débauché qui ne conservait aucune idée d'honneur, et qui ne recommandait à ses disciples que de se plonger dans les voluptés les plus infâmes. Sa vie et ses écrits prêchaient pourtant le contraire, et c'était de là qu'il fallait prendre le jugement qu'on portait de lui ; mais, au lieu de s'éclaircir par cette voie directe et légitime sur cette question de fait, on s'est jeté sur la voie du raisonnement, et on a dit : *Il faut que cet homme-là ait vécu et qu'il ait instruit ses écoliers en Sardanapale, puisque ses principes généraux étaient impies.* A quoi bon ces raisonnements dans une question de fait ? Ne valait-il pas bien mieux consulter exactement ce qui nous reste d'Epicure, et les témoignages que les auteurs désintéressés ont rendus à sa probité ? Si on avait suivi ce chemin, on fût sorti bien plus tôt de l'ignorance, car, depuis l'Apologie publiée par M. Gassendi, pour les mœurs et pour la morale de ce philosophe, on est si bien revenu de la vieille préoccupation, que c'est à présent une chose trop commune que d'être gassendiste à cet égard-là. De sorte que ceux qui aiment à ne suivre pas le torrent, commencent à retourner aux vieux préjugés. Tel est le génie de l'homme; ceux qui aiment davantage les choses nouvelles ne laissent pas de prendre parti pour les Anciens, lorsqu'ils remarquent que trop de gens critiquent l'Antiquité. Quand je dis que le nombre des esprits désabusés sur le sujet d'Epicure fait le torrent, je ne laisse pas de croire que la cabale des superstitieux, troupe de tout temps nombreuse et incorrigible, est encore sur l'ancien pied. Aussi dit-on qu'elle n'eut pas plus tôt ouï dire qu'on voulait faire imprimer la *Morale* d'Epicure, qu'elle frémit et qu'elle se résolut à faire refuser le privilège. Mais heureusement l'affaire passa par les mains d'un censeur de livres qui écoute raison, et qui n'a pas un christianisme misanthrope. C'est de M. Coquelin que je parle, docteur de Sorbonne et chancelier de l'Université de Paris. Il a lu ce livre et, lui ayant donné son approbation, il a été cause qu'il a été mis sous la presse. Cette approbation est bien tournée, et ne donnera point apparemment aucune prise aux inquisiteurs de la foi, gens infatigables, et qui, avec leur je ne sais quoi qu'ils prennent pour zèle, sont de grands perturbateurs du repos public. Ils s'accoutument de si bonne heure à croire sans examiner, et ils se font un si grand mérite de sacrifier leur raison, qu'enfin ils ne raisonnent plus, et ne se gouvernent plus par aucun autre ressort général, que par celui qu'il leur plaît de nommer zèle : or c'est un principe bien ténébreux, et qui a plus de commerce avec les passions et avec l'instinct, qu'avec les lumières de l'équité ; on doit féliciter M. des Coûtures de n'avoir pas ces Messieurs à dos.

Nouvelles de janvier 1686 ; art. IX.
(Œuvres div., t. I, p. 474.)

Qu'il n'est pas d'Etat plus libre que la République des Lettres.

La République des Lettres est un Etat extrêmement libre. On n'y reconnaît que l'empire de la Vérité et de la Raison, et sous leurs auspices on fait la guerre innocemment à qui que ce soit, même à ses amis et à ses proches : car l'usage va là assez souvent. M. Dacier a combattu les idées de M. Lefevre son beau-père ; Joseph Scaliger et Isaac Vossius n'ont pas épargné leurs propres pères ; et nous voyons aujourd'hui que MM. Bernouilli ne se font point quartier, nonobstant leur fraternité. Ainsi dans l'empire littéraire les amis doivent se tenir en garde contre leurs amis, les pères contre leurs enfants, les beaux-pères contre leurs gendres : c'est comme au siècle de fer :

.......Non hospes ab hospite tutus,
Non socer a genero.

Chacun y est tout ensemble souverain, et justiciable de chacun. Les lois de la société n'ont pas fait de préjudice à l'indépendance de l'état de nature, par rapport à l'erreur et à l'ignorance. Tous les particuliers ont à cet égard le droit du glaive, et peuvent l'exercer sans en demander la permission à ceux qui gouvernent.

Cependant cette liberté est renfermée dans de certaines bornes. La puissance souveraine laisse à chaque particulier le droit d'écrire contre les auteurs qui se trompent : mais elle ne permet pas de publier des satires. La raison de ces deux choses est sensible : c'est que la satire tend à dépouiller un homme de son honneur, ce qui est une espèce d'homicide civil; au lieu que la critique d'un livre ne tend qu'à montrer qu'un auteur n'a pas tel et tel degré de lumière. Or comme avec ce défaut d'intelligence un homme peut jouir de tous les droits et de tous les privilèges de la société, on n'usurpe rien de ce qui dépend de la majesté d'un Etat, en faisant connaître au public les fautes qui sont dans un livre. Il est vrai que par là on fait tort à la gloire d'un auteur, et quelquefois même au profit pécuniaire qu'il tirait de ses livres; mais si cela se fait d'une manière honnête, et si l'on soutient le parti de la raison et de la vérité, personne n'y doit trouver à redire. On n'a rien de commun avec les faiseurs de libelles diffamatoires, on n'avance rien sans preuve; on se porte pour témoin et pour accusateur, on s'expose à la peine du talion; on court le même risque que l'on fait courir. Mais un faiseur de libelles se cache, pour n'être pas obligé à prouver ce qu'il publie et pour faire du mal sans craindre d'en être responsable.

(Cité par l'abbé *Marsy*, t. I, p. 122.)

Que l'air de facilité qu'on remarque dans certains écrits, est souvent le fruit d'un travail très difficile.

Guarini travaillait avec une difficulté extrême, et cependant en lisant ses vers, on s'imagine qu'il les composait avec une grande facilité. Ceux qui prétendraient que ces deux choses sont incompatibles, ne connaîtraient guère les variétés de l'esprit humain, et seraient dans la fausse persuasion, qu'il n'y a point d'autres compositions qui coûtent beaucoup, que celles dont un lecteur porte le même jugement qu'on portait autrefois des harangues de Démosthène, *olent lucernam*, cela sent l'huile. Mais il faut savoir que le caractère des esprits embrasse bien d'autres diversités. Tel écrivain fait sentir à ses lecteurs toute la peine qu'il s'est donnée en composant, et s'il corrige trois ou quatre fois un même endroit avec des méditations qui le mettent à la torture, on s'aperçoit aussitôt qu'il s'est appesanti sur ce morceau. Mais il y a des auteurs dont le travail même répand un air d'aisance et de naturel sur tout ce qu'ils écrivent : plus ils retouchent leur ouvrage, moins il semble qu'il ait été travaillé.

Voilà quel était le caractère de Guarini. Son goût le portait à juger que la perfection d'un livre consistait dans les beautés naturelles, et d'un tour aisé et coulant. C'est par là qu'il cherchait à plaire. Il avait une sagacité merveilleuse à discerner s'il restait dans son ouvrage quelque chose de forcé et ses révisions ne tendaient qu'à effacer ces petits restes d'embarras et de contrainte. Ainsi il ne parvenait à donner un air facile à ses poésies, qu'à force de les retoucher et de les polir.

D'autres écrivains sont d'un goût tout différent. Ils font consister la perfection dans une manière de penser et de s'exprimer qui n'a rien de naturel, et qui sent la fatigue d'une profonde méditation. Ils ne croiraient point s'exprimer heureusement, si leur style n'était entortillé et guindé, et si l'on pouvait les entendre sans un effort d'esprit et d'attention. Ils ne sont jamais contents d'eux-mêmes, que lorsqu'ils ont écarté de leurs écrits tout ce qui pourrait paraître simple, naturel, et ordinaire. C'est pourquoi, plus ils corrigent leur ouvrage, plus ils font connaître au lecteur le degré de travail qu'ils y ont mis. Leur peine est sans doute très grande, mais elle ne surpasse pas toujours celle que prennent les auteurs qui veulent que leurs ouvrages conservent partout un grand air de facilité. Voiture n'a mis ses vers et ses lettres dans l'état où nous les voyons qu'après avoir bien sué pour les corriger. M. Costar, son apologiste, ne dit pas cela tout à fait, mais il insinue que l'aisance qu'on trouve dans ses écrits lui coûtait beaucoup. M. de Voiture, dit-il, *a recherché sur toutes choses cette sorte de négligence qui sied si bien aux belles personnes.... Dans tout ce qu'il fait, il paraît je ne sais quoi de si facile, de si aisé, de si naturel, que chacun d'abord se croit capable de travailler avec un pareil succès; et ce n'est qu'après de longs et inutiles efforts que l'on s'écrie :* QUESTO FACILE, QUANTO È DIFFICILE! *Je me souviens qu'il ne désapprouva pas autrefois que je me servisse pour lui d'une louange que le Tasse donne à l'une de ses héroïnes :*

> Non so ben dire s'adorna, o se negletta,
> Se caso, od arte, il bel volto compose,
> Di natura, d'amor, del cielo amici
> Le négligenze sue sono artifici.

M. Pellisson, qui se connaissait si bien en toutes sortes d'ouvrages d'esprit, était fort persuadé qu'il n'y a rien qui coûte plus à un auteur que de faire paraître que ses productions ne lui ont guère coûté. Ecoutons ce qu'il dit dans la belle préface qu'il a mise à la tête des œuvres de Sarrazin. *Deux choses rendent surtout la poésie admirable : l'invention, d'où elle a pris son nom, et la facilité qui lui est très nécessaire. Je n'entends pas la facilité de composer : elle peut quelquefois être heureuse, mais elle doit être toujours suspecte; j'entends la facilité que ses lecteurs trouvent dans les compositions déjà faites, qui a été souvent pour l'auteur une des plus difficiles choses du monde, de sorte qu'on la pourrait comparer à ces jardins en terrasse, dont la dépense est cachée, et qui après avoir coûté des millions, semblent n'être que le pur ouvrage du hasard et de la nature.*

Il y a des exceptions dans tout ceci; car quelques poètes, comme Ovide entre les anciens, et Molière parmi les modernes, ont fait avec la dernière facilité des vers que tout le monde a trouvés faciles. Mais convenons avec Pellisson que cette facilité est souvent dangereuse, Ovide l'a bien éprouvé. Quintilien, ce grand maître d'éloquence, veut que l'on s'attache d'abord à composer lentement: *ce n'est pas*, dit-il, *en écrivant promptement, qu'on vient à bout de bien écrire; mais c'est en écrivant bien, qu'on parvient à écrire promptement.*

Au reste, quelque dangereuse que soit cette facilité, il vaut mieux sans doute y être sujet, que de ne pouvoir enfanter qu'avec des tranchées insupportables; et l'on est bien plus à plaindre quand on ne trouve jamais la fin de ses corrections, que quand on la trouve trop tôt. M. de Balzac a été mis dans le catalogue des auteurs qui se rendent malheureux par un goût trop difficile. On s'aperçoit assez en lisant ses ouvrages de la peine qu'ils lui ont coûtée. « Rien n'y coule sans peine, dit Costar, rien ne vient naturellement. Le travail y paraît si à découvert, que les délicats qui les lisent en sont fatigués, comme ce fameux Sybarite qui suait à grosses gouttes des efforts qu'il voyait faire à un misérable manœuvre. Et certes, il confessait quelquefois lui-même, que lorsqu'il mettait la main à la plume, il ne souffrait pas moins qu'un galérien qu'on avait mis à la rame. Ce n'est pas qu'il n'eût une grandeur et une beauté d'esprit admirable; mais c'est qu'il avait autant de peine à se contenter, que ce rare personnage dont feu M. de Lisieux disait : « *Les belles choses qu'il donne au public lui coûtent si cher, que si j'étais à sa place, je choisirais quelque autre emploi pour le service du prochain, et ne croirais pas que Dieu désirât celui-là de moi.* »

(*Diction.*, art. *Guarini*, rem. G.)

Inconvénients des Gazettes.

..... Cet inconvénient (de trouver dans les gazettes de fausses nouvelles) sert de grand contrepoids au profit et au plaisir que l'on retire de certains écrits périodiques, composés par nos nouvellistes. Les esprits les plus chagrins doivent convenir que la lecture de plusieurs de ces journaux contient des instructions utiles et agréables, et qu'elle peut même servir de leçon à des écrivains polis. Mais enfin, dit-on, la sincérité n'y règne point : ce sont plutôt des plaidoyers que des histoires. Or qu'est-ce qu'un plaidoyer? Un discours où l'on s'étudie à ne montrer que le beau côté de sa cause, et que le mauvais côté de la cause de son adversaire. Je sais qu'il y a ici du plus et du moins : les lecteurs intelligents ne s'y trompent pas ; ils démêlent fort bien les gazetiers qui approchent le plus de la bonne foi. Mais après tout il n'est pas possible de publier dans ces écrits tout ce que l'on fait ; il faut sacrifier quelque chose à l'utilité publique, et quelquefois à l'utilité domestique. D'ailleurs, les ruses étant permises dans la guerre, il faut mettre les relations des nouvellistes au rang des bottes secrètes qu'on porte à l'ennemi. Le soin qu'ils prennent de contrecarrer les écritures de la partie adverse, est une espèce de petite guerre, et de là vient qu'un politique de nos jours compte leurs écrits parmi les munitions qu'il appelle armes de plume.

Je terminerai ces réflexions par une pensée de M. Vigneul-Marville. Une chose, selon lui, fait tort aux écrivains des gazettes : c'est qu'ils ne sont pas les maîtres de leur ouvrage, *et que, soumis à des ordres supérieurs*, ils ne peuvent *dire la vérité avec la sincérité qu'exige l'histoire. Si on leur accordait ce point-là*, dit-il, *nous n'aurions pas besoin d'autres historiens*. Quoiqu'il y ait un peu d'hyperbole dans ces derniers mots, l'auteur ne laisse pas d'aller à la grande source du mal. Les nouvellistes hebdomadaires ou de telle autre période qu'on voudra, n'oseraient dire tout ce qu'ils savent : ils y perdraient trop. Car, pour ne point parler des châtiments qu'ils auraient à craindre de la part des supérieurs, ils indisposeraient tous les esprits.

.....Le public n'exige pas qu'ils mentent grossièrement en faveur de la patrie; mais s'ils le font avec adresse, s'ils mêlent dans leurs écrits des réflexions fines, ingénieuses, malignes, on les loue, on les admire, et l'on court après leur ouvrage. Ainsi ces écrivains savent fort bien ce qu'ils font : ils suivent l'exemple de cet ancien poète comique, qui ne cherchait autre chose, sinon

Populo ut placerent quas fecisset fabulas.

(*Dissert. sur les libelles diffamatoires*, n° VIII, rem. I. C.)

Réponse aux accusations d'obscénité.

[On a souvent reproché à Bayle ses « obscénités. » Bayle se défend en soutenant que son métier d'historien l'oblige à dire la vérité. Voici sa propre apologie, au sujet des obscénités contenues dans son article sur *Diogène* :]

.......Ceux qui trouveront étrange que je rapporte des obscénités aussi horribles que celles-là, auront besoin qu'on les avertisse qu'ils ne considèrent pas assez attentivement ni les droits, ni les devoirs d'un historien.

Tout homme qui fait aujourd'hui l'histoire ou d'une secte fameuse, ou d'un ancien philosophe, ou de tout autre personnage, qui s'est acquis un nom dans les siècles précédents, est en droit de rapporter toutes les choses que les livres nous en apprennent, *soit qu'elles méritent d'être louées*, soit qu'elles méritent l'horreur et l'exécration des lecteurs. S'il se contentait de recueillir ce qui est louable, il remplirait très mal les devoirs que la nature de son ouvrage lui impose. Lorsqu'on fait la vie de quelque moderne, on a plus de liberté; car, s'il a commis des actions sales, dont la connaissance soit échappée au public, on peut les passer sous silence, selon qu'on juge qu'il faut prévenir certains inconvénients, qui pourraient naître de la publication de pareilles choses. Mais quand il s'agit d'un fait rapporté par cent auteurs, on n'est pas le maître d'un semblable ménagement : et si l'on choisit le parti de la suppression, l'on se charge d'un scrupule fort inutile; car les lecteurs trouveront facilement par d'autres voies ce que vous voulez leur cacher.

.......Mais, dira-t-on, il fallait du moins choisir des phrases qui missent un voile épais sur ces infamies. Je réponds que c'eût été le moyen d'en diminuer l'horreur; car ces manières délicates et suspendues dont on se sert aujourd'hui, quand on parle de l'impureté, n'impriment pas à ce vice autant de flétrissure qu'un langage rempli de véhémence, et d'autant plus propre à peindre l'indignation, que l'auteur ne s'amuse pas à inventer des obliquités de style, qui, à proprement parler, ne sont qu'un fard.

(*Dictionn.*, art. *Diogène.*)

Contre l'excès de pruderie.

..... N'allons pas adopter la maxime de certaines gens, qui soutiennent que tout terme, qu'on n'oserait prononcer devant une femme vertueuse, doit être banni d'un livre. C'est une maxime de précieuse ridicule : on en conviendra, pourvu qu'on fasse un peu d'attention à la différence qui se trouve entre une conversation et un livre. Une honnête femme s'offensera raisonnablement, si quelqu'un lui fait des contes libres, mais elle ne trouvera point mauvais qu'un historien rapporte des actions de même nature pourvu qu'il évite les termes grossiers. Un historien s'adresse au public, et non pas à telle et telle personne en particulier. Voilà pourquoi ses narrations n'offensent pas; au lieu que les mêmes choses offenseraient, si elles étaient débitées en conversation ou dans une lettre. Dans ce dernier cas, on n'aurait pas une idée assez avantageuse des personnes qui écouteraient, ou qui liraient de pareilles choses : voilà ce qui choque. On s'appliquerait personnellement la conséquence : mais on n'est point tenté de s'appliquer ce qui se dit et ce qui s'écrit pour tout le monde. D'ailleurs, chacun fait l'usage qu'il veut d'un livre imprimé; il le lit ou ne le lit pas : mais on ne peut s'empêcher d'entendre les discours qu'un homme nous tient, ni de lire les lettres qu'il nous écrit. J'observe enfin qu'il n'y a guère d'auteurs à qui il convienne moins de faire les prudes, qu'à ceux qui composent des dictionnaires : ce sont des ouvrages destinés à l'explication nette et précise des choses.

(*Dictionn.*, art. *Sforce* (Catherine) rem. D.)

Triste condition d'un historien qui veut être sincère.

C'est une chose bien étrange, qu'un écrivain qui veut suivre religieusement les règles de l'histoire, soit exposé à passer pour un faiseur de satires. La corruption des mœurs a été si grande, tant parmi les personnes qui ont vécu dans le monde, que parmi celles qui ont passé leur vie dans les cloîtres et dans d'autres asiles sacrés, que plus on s'attache à donner des relations fidèles et véritables, plus on court risque de ne composer que des libelles diffamatoires. Il y a, sans doute, une grande opposition entre l'histoire et la satire ; mais il faudrait peu de chose pour métamorphoser l'une en l'autre. Si d'un côté vous ôtiez à la satire cet esprit d'aigreur, cet air de colère, qui fait juger que la passion a plus de part aux médisances qu'on raconte, que l'amour de la vertu ; et si vous joigniez de l'autre l'obligation de narrer indifféremment le bien et le mal, ce ne serait plus une satire, ce serait une histoire. Engagez d'autre part les historiens à raconter fidèlement tous les crimes, toutes les faiblesses, tous les désordres de l'homme, leur ouvrage sera plutôt une satire qu'une histoire, pour peu qu'ils témoignent d'émotion à la vue de tant de faits condamnables, dont ils feront rapport au public. Je ne crois pas qu'on doive exiger d'un historien tout le sang-froid avec lequel les juges prononcent une sentence de condamnation contre les voleurs et les homicides. Quelques réflexions un peu animées ne lui messiéent pas.

(*Dictionn. hist. et crit.*, art. *Bruschius* rem. D.)

Pourquoi les récits de batailles intéressent davantage la plupart des lecteurs, que la description des événements pacifiques.

Un des plus célèbres orateurs d'Athènes (Isocrate) observe que les écrivains de son pays s'attachaient extrêmement à célébrer les combats et le courage d'Hercule, et ne faisaient aucune mention de ses autres qualités, comme de sa prudence, de sa justice, de son savoir : vertus infiniment plus estimables que la force de ses bras. Cette remarque peut faire songer au mauvais goût de l'esprit de l'homme. Les orateurs en usaient de la sorte, tant parce qu'ils étaient plus frappés eux-mêmes du brillant que du solide, que parce qu'ils croyaient que leurs auditeurs et leurs lecteurs applaudiraient plus volontiers à des récits de combats, qu'à la description des vertus que l'on exerce dans un temps de paix. Horace a fort bien marqué cela, en supposant que les ombres écoutaient avec admiration les chants de Sapho, et les vers d'Alcée; mais qu'elles admiraient davantage ce dernier, parce qu'il ne parlait que de guerres, que de révolutions d'État, que d'exils.

On doit remarquer outre cela que des tyrans renversés, que des monstres domptés, qu'en un mot un temps de désordre et de carnage, sont des matières plus propres à faire paraître l'esprit et l'éloquence d'un écrivain, que ne l'est un train de vie uniforme et compassé. Un historien qui n'a pas de grands événements à écrire s'endort sur son ouvrage, et fait bâiller ses lecteurs. Mais une guerre civile, deux ou trois conspirations, autant de batailles, les mêmes chefs tantôt abattus, tantôt relevés, aiguisent sa plume, échauffent son imagination, et tiennent les lecteurs en haleine. Je crois franchement que si on lui commandait de faire l'histoire d'un règne pacifique et tout d'une pièce, il se plaindrait de son sort; à peu près comme Caligula se plaignit de ce que sous son Empire il n'arrivait pas de grands malheurs. Les désolations, les calamités publiques sont un avantage pour l'historien, et donnent du lustre à ses écrits.....

Quoi qu'il en soit, c'est une preuve de dépravation de goût que de préférer le récit des actions guerrières au récit des actions équitables, et d'admirer plus dans un homme la force des bras qui lui fait vaincre un sanglier ou un taureau, que la vertu qui le rend maitre de ses passions, et qui le porte à servir utilement sa patrie. Cette vertu, moins éclatante que l'autre, participe beaucoup plus à la véritable grandeur. Il y a plus de réalité dans les qualités d'Hercule, que les beaux esprits d'Athènes passèrent sous silence, que dans celles qu'ils prônèrent si pompeusement. Mais que voulez-vous? Ils suivirent le goût du public.

Notez que les jeunes gens prennent beaucoup plus de plaisir aux histoires romanesques, qu'aux histoires véritables; mais lorsque l'âge nous a mûri et rectifié le jugement, nous aimons mieux lire un De Thou et un Mézeray, qu'un La Calprenède et un Scudéry. Mais il arrive à très peu de gens de perdre le goût de l'enfance par rapport à la description d'un règne tranquille, et à l'histoire d'un règne rempli de troubles et de grands événements.

(*Dictionn.*, art. *Hercule*, rem R.)

Quels sont les devoirs et les droits d'un historien.

Tous ceux qui savent les lois de l'histoire, tombent d'accord qu'un écrivain qui veut remplir fidèlement ses devoirs, doit se dépouiller de l'esprit de flatterie et de l'esprit de médisance, et se mettre, autant qu'il est possible, dans l'état d'un stoïcien, qui n'est agité d'aucune passion. Insensible à tout le reste, il ne doit être attentif qu'aux intérêts de la vérité, et sacrifier à cela le ressentiment d'une injure, le souvenir d'un bienfait, l'amour même de la patrie. Il doit oublier qu'il est d'un certain pays, qu'il a été élevé dans une certaine communion, qu'il est redevable de sa fortune à tels et à tels : il doit méconnaître jusqu'à ses parents et ses amis. Un historien, en tant que tel, est comme Melchisédech, sans père sans mère, sans généalogie. Si on lui demande : *D'où êtes-vous?* Il faut qu'il réponde : *Je ne suis ni Français ni Allemand, ni Anglais, ni Espagnol, etc.... Je suis citoyen du monde : je ne sers ni l'empereur, ni le roi de France ; mais je suis au service de la Vérité : c'est ma seule reine ; je n'ai prêté qu'à elle le serment d'obéissance : je suis son chevalier ; j'ai fai vœu de la défendre envers tous et contre tous.......*

Tout ce qu'il donne à l'amour de la patrie est autant de pris sur les attributs de l'histoire, et il devient un mauvais historien à proportion qu'il se montre bon sujet.

(*Diction.* art. *Usson*, rem. F.)

V

QUELQUES LETTRES DE BAYLE

QUELQUES LETTRES DE BAYLE.

Lettre à son frère aîné.

[Bayle est alors âgé de 27 ans; il est précepteur des enfants de M. le comte de Dhona, seigneur de Coppet, près de Genève, dans le pays de Vaud. Il écrit à son frère pour l'informer de son dessein de changer de situation, et il lui donne en même temps des conseils pour les études de son frère cadet.]

A Genève, le 23 mars 1674.

Monsieur mon très cher frère,

Ayant relu un gros paquet que je croyais vous envoyer le mois d'août passé, j'y ai trouvé si peu de chose que je ne dûsse vous écrire à cette heure, que j'ai cru qu'il fallait vous envoyer les lettres mêmes d'alors, y ajoutant seulement, comme pour rafraîchir la date, quelque chose d'un peu plus récent.

Comme vous souhaitez d'apprendre de quelle manière je suis chez le grand seigneur, je vais vous le dire. Il y a peu de liberté, et je ne vois pas grande apparence de faire fortune. De là vient que je suis résolu de prendre congé. Mais la difficulté est de savoir où aller après cela. Ma pensée serait d'aller à Paris avec des lettres de recommandation, et d'y cher-

cher quelque emploi, quel qu'il fût. J'y prendrais une condition avec moins d'appointements que je n'en ai, si je l'y trouvais, parce que, quand on est à Paris, on étudie bien mieux, on voit plus de choses, et par là on se rend plus capable. Mais de tout ceci, j'en attends la résolution quand vous en aurez un peu examiné les tenants et aboutissants. Vous aurez, s'il vous plaît, la bonté de m'en donner avis au plus tôt.

Mon frère m'a parlé des études de notre cadet. Je sais combien en vaut l'aune. Il se gâtera entièrement et perdra son temps, si on n'y tient bien la main. Je ne songe jamais à la manière dont j'ai été conduit dans mes études, que les larmes ne m'en viennent aux yeux. C'est dans l'âge au-dessous de vingt ans que les meilleurs coups se ruent; c'est alors qu'il faut faire son emplette, parce que l'esprit, ayant son âge aussi bien que le corps, si vous ne l'employez pas en temps et lieu, il se trouve que sa saison est passée. C'est pourquoi je serais d'avis ou qu'il n'étudiât point du tout, ou qu'il ne fît rien autre chose pendant certaines heures, employant les autres à bien voir son monde : mais surtout il faudait le bien guider dans ses études, et lui bien apprendre l'histoire avec ses dépendances, qui sont la chronologie et la géographie....

Lettres à sa famille,
(Œuvres div., t. I, p. 26.)

Lettre à son frère cadet.

[Comme dans la précédente, Bayle lui donne quelques conseils sur ses études et en particulier sur l'étude des langues anciennes.]

A Paris, le 30 janvier 1675.

...... *Pour venir à ce qui vous regarde, je dis que, vu cette ardente inclination que vous dites avoir pour les Belles-Lettres, il ne faut pas craindre que vous ne puissiez être jeune et savant tout ensemble. Les livres où vous vous attachez pour le latin et l'histoire sont très bons. Si vous m'en croyez, vous ferez votre capital des langues grecque et latine. Vous donnerez à l'histoire le reste de vos études sérieuses, et vous pourrez vous délasser l'esprit aux heures perdues à lire quelque livre nouveau. Car, pour le blason, ce n'est pas une chose qui mérite un travail assidu; cela s'apprendra insensiblement; et puis, il n'y a rien qui vous presse sur cet article. Ce qu'il y a de plus nécessaire, c'est les langues. C'est pourquoi, ne laissez passer aucun jour sans lire dans un auteur ancien, (car c'est là uniquement qu'il faut chercher le latin, les modernes sont presque tous des bourreaux de la langue latine et il n'en faut lire aucun dans le commencement). Attachez-vous à Cicéron, c'est le grand maître; traduisez du latin en français, et du français en latin. Remarquez le génie de cette langue, la diverse signification et le divers régime des mots; et faites-vous une affaire de pénétrer la force et l'élégance de chaque terme.*

Pour les poètes, Virgile est sans doute le meilleur. En traduisant des vers, observez exactement les figures, les phrases poétiques, pourquoi telle chose s'exprime ainsi, et ainsi. Et parce qu'on n'apprend les langues que pour l'amour des choses, en même temps que vous traduirez du latin, comprenez la matière dont on parle, remarquez si le raisonnement est juste, car c'est par là que l'on connaît si on a fidèlement traduit...... Il faut user en cela de rigueur contre soi-même, et exercer contre son esprit le personnage d'un questionneur fâcheux, je veux dire qu'il se faut figurer qu'on a à comparaître devant des examinateurs rigides, qui vous font expliquer sans rémission tout ce qu'il leur plaît de vous demander. Cette pensée vous obligera de vous bien instruire sur tous les points de votre leçon, et, faisant semblant de les expliquer à un examinateur, vous accoutumerez votre esprit à produire heureusement ses conceptions, qui est la fin de nos études, car ce n'est pas être savant que de ne se savoir pas servir de sa science, tout de même qu'un soldat qui est si embarrassé de ses armes qu'il ne peut se remuer, n'est pas un véritable soldat....

Lettres à sa famille.
(Œuvres div., t. I, p. 32.)

Lettre à Mme Bayle, sa mère.

[C'est une simple lettre d'excuse, mais où l'on retrouve toute la tendresse, toute l'affection repectueuse que Bayle conservait pour sa mère dans son éloignement.]

A Paris, ce 1er février 1675.

Madame, très bonne et très honorée mère,

Ne m'imputez pas, je vous en conjure, si je ne vous écris pas aussi souvent qu'à mon père et à mes frères. Je suis obligé de joindre tant de petites plaintes et de petits reproches aux assurances de mon respect, qu'il faut par cette raison m'adresser à un autre qu'à vous, car, sachant la délicatesse de votre amitié et la tendresse incomparable que vous avez pour moi, comment pourrais-je me résoudre à rien dire en vous écrivant, qui sentît le murmure ou la plainte? Je veux, ma très bonne mère, que vous ayez les protestations de mon obéissance et de mon affection respectueuse, sans aucun mélange de chagrin. C'est pourquoi je vous supplie très humblement de ne mettre point sur votre compte, si j'ai quelquefois témoigné reconnaître qu'on me négligeait. Hélas! Je ne suis que trop convaincu que vos soins et votre amour pour moi sont extrêmes, et tellement extrêmes, que vous en êtes bien moins à votre aise en cette occasion. Plût à Dieu ne vous être pas si cher, afin que le repos et la tranquillité de vos vieux jours fût mieux affermie. Oui, ma très honorée mère, je consentirais volontiers à perdre quelque chose de l'honneur de vos bonnes grâces, pourvu que cette diminution augmentât d'autant la tranquillité de votre esprit. Je ne puis vous aider qu'avec des prières, que je présente ardemment à Dieu pour votre santé et prospérité. Je suis avec un très profond respect, etc.

Lettres à sa famille.
(Œuvres div., t. I, p. 36.)

*Lettre à Monsieur ***, son cousin.*

[Bayle se plaint assez pacifiquement de la mesure inique par laquelle on vient de lui ôter sa pension et sa chaire de professeur. Il montre les abus de la Religion réformée en Hollande, les diverses factions qui agitent chaque ville; il accepte son sort avec résignation.]

A Rotterdam, le 28 décembre 1693.

Je ne sais, Monsieur mon très cher cousin, à quoi attribuer votre long silence, le mien ne doit pas vous étonner, puisque je vous ai tant de fois marqué que l'on interceptait mes lettres, et que cela me fait résoudre à n'écrire presque à personne.

...... Vous savez que le 30 octobre dernier, la pension de 500 francs, et la permission que j'avais de faire des leçons publiques me fut ôtée par le Conseil de cette ville qui est composé de vingt-quatre person-

nes, qu'on nomme en flamand Wœschaps. *Les bourgmestres, qui sont quatre en nombre et tirés de ces vingt-quatre, me firent savoir cette résolution, sans me dire pourquoi ils m'ôtaient ce qu'ils m'avaient accordé en 1681. J'ai su que plusieurs membres du Conseil s'opposèrent vigoureusement à cette injustice, mais la pluralité des voix l'emporta: distinguons la cause de ceci d'avec le prétexte. Le prétexte dont ils colorent leur conduite quand on leur en parle en particulier, et qui fut même allégué par quelques-uns en opinant le jour qu'on m'ôta ma charge, est que le livre que je publiai ici en 1682* sur les Comètes, *contient des propositions pernicieuses, et telles qu'il n'est pas d'un magistrat chrétien de souffrir que les jeunes gens en soient imbus. Pour mieux faire valoir ce prétexte, les auteurs de ce complot ont obtenu par une longue suite d'intrigues, que quelques ministres flamands opiniâtres, grands ennemis des étrangers et de la nouvelle philosophie, violents et séditieux, examinassent le livre des* Comètes *et jugeassent qu'il contient une mauvaise doctrine. Tout cela s'est fait avec un grand mystère, sans m'avertir de rien, et sans avoir égard aux déclarations publiques que j'ai faites et que j'ai cent fois renouvelées aux bourgmestres, aux ministres, etc., en conversation, que j'étais prêt à montrer que mes* Comètes *ne contiennent rien qui soit contraire ou à la droite raison, ou à l'Ecriture, ou à la confession de foi des Eglises réformées. Une infinité d'honnêtes gens sont ici dans l'indignation d'une conduite si violente et qui ne se pratique point dans l'Eglise romaine; car on y écoute un auteur accusé d'hétérodoxie, et on l'admet à donner des éclaircissements ou à rétracter ses erreurs: cela, mon cher cousin, doit diminuer vos regrets de n'être point sorti de France. Vous serez une fois meilleur Réformé, si vous ne voyez notre religion que dans les pays où elle n'est pas sur le trône: vous seriez scandalisé, si vous la voyiez où elle domine.*

Venons à la cause de ma disgrâce. Vous devez savoir que le gouvernement républicain a cela de propre, que chaque ville ou chaque bourg est composé de deux ou de plusieurs factions. En Hollande, il y a partout deux partis, l'un est très faible en crédit, mais composé de gens de bien et d'honneur, l'autre domine fièrement et abuse, comme il arrive presque toujours, de sa fortune.

J'avais, en venant ici, mes patrons, mes bienfaiteurs, ceux qui m'accueillaient civilement dans le parti faible qui n'était pas alors si faible: j'ai toujours cultivé leur amitié et ne me suis point accommodé aux maximes des courtisans. Je n'ai point cherché à m'insinuer dans l'esprit de ceux de l'autre parti qui s'élevaient de jour en jour, cela m'eût paru d'une âme lâche et vénale. Ainsi, une bourrasque étant survenue dans cette ville, il y a plus d'un an, qui renversa une partie de nos magistrats, à la place desquels on en substitua d'autres de ce parti tout-puissant, la balance n'a pu être égale, et, pour montrer ce qu'on pouvait faire contre ceux qui ne rampent pas devant ces nouveaux venus, et qui persistent dans leurs liaisons avec leurs anciens amis, on m'a cassé aux gages; et comme le prétexte était de prétendues doctrines dangereuses à la jeunesse, il a fallu qu'on ait joint la défense d'enseigner en particulier à celle d'enseigner en public. Par là, on a bouché les deux sources de ma subsistance. Je n'ai jamais eu un sol de mon patrimoine, jamais été en l'humeur d'amasser du bien; je n'ai jamais été en état de faire des épargnes. Je me fondais sur ma pension que je croyais devoir durer autant que ma vie, mais je vois à cette heure qu'il n'y a rien de ferme et de stable en ce monde. Vous pouvez juger que j'aurais de grandes raisons de m'inquiéter pour l'avenir dans un pays où il fait cher vivre; mais par la grâce de Dieu, je n'ai senti encore aucune inquiétude, mais une parfaite résignation aux ordres d'en haut.

Vous seriez surpris, si je finissais sans vous parler du ministre français (Jurieu) *qui a écrit contre moi tant de libelles et tant de calomnies. Je vous dirai que toutes ces calomnies sont tombées par terre, et qu'il n'y a que le livre des* Comètes, *imprimé il y a près de douze ans, qui ait été mis en jeu. Ce sont d'ailleurs quelques ministres Hollandais de cette ville qui ont fait les poursuites contre moi clandestinement: ces ministres m'en voulaient de longue main, parce qu'ils haïssent les amis et les patrons que j'ai eus d'abord en cette ville, et qu'entêtés d'Aristote, qu'ils n'en-*

tendent pa.., ils ne peuvent entendre parler de Descartes sans frémir de colère.

Lettres à sa famille.
(Œuvres div., t. I, p. 170.

Lettre à M. Bayze.

[Voici une lettre que Bayle adresse à son ami Bayze, réfugié à Dublin, en Irlande, et où s'affirme énergiquement l'indépendance de son caractère.]

A Rotterdam, le 22 de novembre 1695.

Je suis très marri, Monsieur, que vous n'ayez pas reçu les réponses, que j'ai eu l'honneur de vous faire. Je m'en suis ponctuellement acquitté, mais mon malheur a voulu qu'el'es se soient toujours perdues. Ce n'a pas été par le pur hasard. J'impute cela à l'espionnage sous lequel nous vivons ici. Des gens qu'on croit aller de bonne foi, sont les premiers à s'imaginer qu'ils trouveront de grands mystères dans les lettres que je leur aurai recommandées : ils les ouvrent; et, n'y trouvant rien de ce qu'ils cherchent, ils ne laissent pas de les supprimer. Vous n'êtes pas le seul à qui j'ai écrit, sans que ma lettre soit parvenue jusqu'à son adresse.

Je suis très fâché, comme vous, de l'embarras où se trouve M. Daspe (1), et je voudrais être en état de l'en tirer. De très bon cœur, j'écrirais aux deux per-

(1) C'était un marchand, compatriote de Bayle (il était du Mas d'Azil, dans le comté de Foix). Réfugié en Angleterre, il avait été mis en prison, à l'instance de quelques-uns de ses créanciers.

sonnes que vous me nommez; mais je suis persuadé que cela nuirait, au lieu d'être utile.

Tout ce qu'il y a de courtisans savent que mes ennemis ont tant de fois rompu les oreilles à Sa Majesté britannique des différends que j'ai eus avec M. Jurieu, qu'ils sont venus à bout de prévenir ce grand prince, comme si j'étais dans des liaisons avec ceux qu'on nomme ici républicains. La vérité est que je ne me suis jamais mêlé que de mes livres, et que j'ai eu peu de liaisons avec les gens de ce pays-ci. Mais il est vrai que le peu d'amis que je fis en venant ici, et dont j'ai cultivé la connaissance, parce que j'en recevais des marques solides de bonté et de protection, et dont encore et tant que je vivrai je cultiverai l'amitié, sont des personnes qui vivent en quelque façon dans une rupture ouverte avec ceux qui ont part à la faveur de la cour. Voilà mon grand crime. Or, vous savez ce que c'est que l'esprit de cour. Il ne permet pas que l'on fasse un pas en faveur d'une personne, que l'on sait n'être pas agréable au chef. Je ne vous dis point cela, sans en avoir fait plusieurs épreuves. Si quelque chose me déplaît dans tout cela, ce n'est pas le clou qui arrête par ce moyen ma petite fortune, car je suis sans ambition; mais que cela me rende inutile, ou même nuisible à mes amis.

Adieu, mon très cher Monsieur, aimez-moi toujours, et soyez persuadé que je serai toute ma vie, Votre, etc..

Lettres de M. Bayle.
(Œuvres div., t. IV, p. 718.)

Lettre à M. de Naudis, son cousin.

[Bayle lui annonce qu'on a achevé d'imprimer le *Dictionnaire critique*; que la seconde édition du livre sur les *Comètes* est meilleure que la première; il fait l'éloge des *Caractères* de La Bruyère.]

A Rotterdam, le 29 octobre 1696.

Je ne saurais croire, Monsieur mon très cher cousin, qu'il ne se soit perdu quelqu'une de vos lettres, car depuis celle où vous m'appreniez ce qui s'était passé avec ma belle-sœur pendant qu'elle fut chez vous l'automne de 1695 jusqu'à celle du 23 d'août dernier, j'ai été entièrement privé de vos nouvelles.

Je vous apprends que, grâces à Dieu, je suis venu à bout de mon Dictionnaire historique et critique. *Il fut achevé d'imprimer la semaine passée, il contient deux gros volumes in-folio chacun de plus de 1300 pages, on pourra les relier en quatre tomes, je voudrais bien vous en pouvoir envoyer des exemplaires, mais je n'en vois aucun moyen pendant que la guerre durera, et pendant la paix même, il serait difficile de faire entrer un si gros livre qui sera regardé en France comme de contrebande. Quand ce sont des paquets à mettre à la poche, on trouve des maîtres de navire qui osent bien s'en charger. Peu de jours après avoir reçu votre lettre du 23 d'août, je reçus celles que mes cousins, vos aînés, m'ont écrites en latin chacun à part. J'en ai été ravi, tant à cause des marques d'esprit, de jugement et de savoir que j'y ai vues, qu'à cause des honnêtetés obligeantes, et de l'amitié particulière qu'ils y ont répandues pour moi. Je les assure de mon amitié la plus tendre, et des vœux ardents que je fais pour leur prospérité, à quoi je contribuerai en tout ce qu'il me sera possible.*

Je voudrais qu'au lieu de la première édition de mon traité des Comètes, *ils lussent la seconde, qui est beaucoup plus ample et moins mauvaise que la première. Je suis bien aise qu'ils aient du goût pour les* Essais de morale *de M. Nicole ; il y a un autre livre fort propre pour donner de l'esprit aux jeunes gens, et à leur raffiner le goût : ce sont les* Caractères de ce siècle *par feu M. de La Bruyère ; c'est un livre incomparable et qui a été imprimé huit ou neuf fois à Paris en peu de temps, et à Lyon et à Bruxelles autant de fois. Il faut avoir la dernière édition qui est plus ample : ce ne sont pas des caractères faits à plaisir ; il a peint l'esprit, et l'humeur et les défauts de presque toute la cour, et de la ville, et plusieurs personnes en ont la clef.*

.... Pour l'état de mes affaires, il est le même qu'il a été les années précédentes, et j'en suis fort content ; j'aime mieux n'avoir ni leçons publiques, ni leçons particulières à faire, et ne dépendre que de moi, que d'avoir une pension de 500 francs, et le petit profit des leçons particulières ; car, comme je me gouverne selon la maxime des anciens philosophes, de peu de

bien nature se contente, *il me suffit d'avoir de quoi vivre dans la simplicité et la frugalité d'un philosophe; avec cela, je puis disputer de bonheur avec les plus riches. Mon application à mes livres, et le plaisir de l'étude solitaire du cabinet, ont pour moi un si grand charme, que je compte pour rien la mauvaise humeur de nos compatriotes, et les préventions que mon ennemi* (Jurieu) *leur a inspirées. Je n'ai presque point de commerce qu'avec un très petit nombre d'entre eux........*

Lettres à sa famille, page 179.
(Œuvres div., t. I.)

Lettre à M. le Duchat.

[M. le Duchat, qui habitait Metz, est un des plus fidèles correspondants de Bayle; ami des belles-lettres, il collectionnait les livres et les documents curieux; il écrivit même plusieurs ouvrages, notamment des remarques « *sur la Satyre Ménippée de la vertu du Catholicon d'Espagne.* »]

A Rotterdam, le 5 de janvier 1697.

Toutes les lettres que vous m'avez fait l'honneur de m'écrire, Monsieur, m'ont causé un plaisir extrême, et m'ont appris beaucoup de choses curieuses; mais je dois dire cela principalement, et plus que de toute autre, de celle que j'ai reçue en dernier lieu. Je la conserverai comme un trésor très précieux. Je souhaiterais seulement que vous en eussiez ôté le préam-

bule : il est trop flatteur. Mon Dictionnaire *ne mérite nullement les éloges que vous lui donnez. C'est une compilation très défectueuse, et en commissions et en omissions, elle a besoin de l'indulgence de tous les lecteurs, et surtout de ceux qui sont aussi éclairés que vous, dont le nombre est très petit.*

Je vous supplie très humblement, Monsieur, de continuer, autant que vos affaires vous le permettront, à m'enrichir de vos remarques ; mais, je vous en conjure, sans vous servir de ces préfaces flatteuses, auxquelles vous donnez un si beau tour, que les auteurs les plus modestes, et les plus convaincus de leur faiblesse, pourraient en tirer une vanité préjudiciable. Vous ne sauriez croire, Monsieur, le plaisir que j'ai senti en lisant les endroits de votre dernière lettre, où j'ai vu ce qu'il faudra que je rectifie, si jamais je fais une seconde édition. En tout cas, je profiterai de vos beaux éclaircissements, et de vos importants subsides à la marge de mon exemplaire, en reconnaissant de qui je profite, et ne m'appropriant pas ce qui m'est communiqué de si bonne main. Que je serais heureux, Monsieur, si avec tant de pièces rares, qu'on ne trouve point en ce pays, et que vous avez l'adresse de ramasser pour l'enrichissement de votre bibliothèque, j'avais le talent d'en profiter avec l'exactitude et la sagacité que vous faites ! Je crois vous l'avoir déjà écrit. Mon plus grand malheur est de n'avoir pas les livres qui me seraient nécessaires, et de ne trouver ici personne qui aime cette recherche exacte des per-

sonnalités, des dates, et des circonstances. Or ceux qui n'ont point l'esprit tourné de ce côté-là, quelque habiles qu'ils puissent être d'ailleurs, ne sont guère en état de secourir un auteur de Dictionnaire. *Vous seul, Monsieur, lui rendriez plus de service que tout ce qu'il y a de gens de lettres en ce pays-ci.....*

Lettres de Bayle.
(Œuvres div., t. IV, p. 732.)

Cantate en l'honneur de Bayle

pour l'inauguration de sa statue

par CLOVIS HUGUES

Libérateur de la pensée humaine,
Noble vainqueur des dogmes meurtriers,
Nous t'apportons par les monts et la plaine
L'auguste gerbe des lauriers.
Nous les avons cueillis trempés de sève,
Plus radieux que pour le front d'un roi :
Ils sont sacrés comme ton rêve,
Etant immortels comme toi.

Salut, trois fois salut à ton génie austère,
Qui faucha les erreurs comme de vains roseaux !
Salut, précurseur de Voltaire,
Au nom des aïeux sous la terre
Et des enfants dans les berceaux !

Plus tourmenté que le flot et l'écume,
Chassé du toit qui t'avait abrité,
Tu parcourus des cités où la brume
S'illuminait de liberté.
L'enfer s'éteint, l'idole est abattue ;
Le fait s'accouple à ton juste idéal ;
Et maintenant c'est ta statue
Qui reconquiert le sol natal.

Salut, trois fois salut à ton génie austère,
Qui faucha les erreurs comme de vains roseaux !
Salut, précurseur de Voltaire,
Au nom des aïeux sous la terre
Et des enfants dans les berceaux !

Sur les esprits la nuit tendait son voile,
Quand ils voguaient vers un monde lointain :
Tu fus celui qui fit surgir l'étoile,
La blanche étoile du matin.
Elle les guide, à jamais douce et belle,
Au bleu pays de l'éternel été ;
Et la clarté qui jaillit d'elle
Est celle de la Vérité.

Salut, trois fois salut à ton génie austère,
Qui faucha les erreurs comme de vains roseaux !
Salut, précurseur de Voltaire,
Au nom des aïeux sous la terre
Et des enfants dans les berceaux !

Plus de croyant à la légende impure !
Plus d'âme prise aux noirs filets du mal !
Nous dresserons l'autel de la Nature
A côté de ton piédestal.
L'Eden perdu n'est plus l'effroi des mères ;
Ton geste immense élargit l'horizon ;
Et nous prenons sur les chimères
La revanche de la Raison.

Salut, trois fois salut à ton génie austère,
Qui faucha les erreurs comme de vains roseaux !
Salut, précurseur de Voltaire !
Au nom des aïeux sous la terre
Et des enfants dans les berceaux !

Lavaur, le 16 juin 1906.

TABLE DES MATIÈRES

ÉCOLE PROFESSIONNELLE D'IMPRIMERIE
Noisy-le-Grand (Seine-et-Oise)

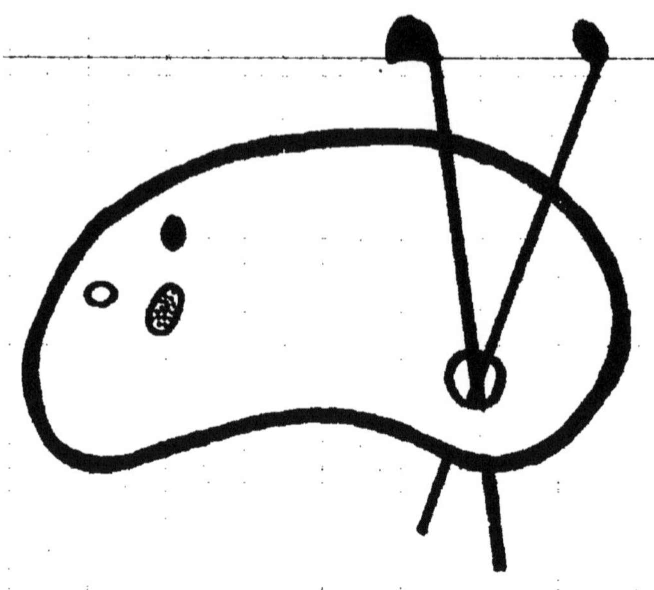

www.ingramcontent.com/pod-product-compliance
Ingram Content Group UK Ltd.
Pitfield, Milton Keynes, MK11 3LW, UK
UKHW020439200726
13857UKWH00002B/490